姫野ノート

「弱さ」と闘う53の言葉

姫野 和樹

飛鳥新社

はじめに

僕がラグビーと出会って、２０２３年で16年が経った。

中学校のラグビー部で初めてラグビーボールに触ってから、もう人生の半分以上を楕円球とともに過ごしてきたことになる。

中学、高校、大学と夢中になってボールを追いかけているうちに、そのままラグビーが仕事になった。

社会人リーグであるジャパンラグビー・リーグワン。そこに加盟するトヨタヴェルブリッツでプロ選手としてプレーしているだけでなく、ラグビー日本代表の一員として、ワールドカップの舞台に立つこともできた。

そのプロ選手になってから、始めたものがある。

「ノート」だ。

目標や練習、試合で気づいたこと、その日のプレーの反省点や修正点を書き留めている、いわゆるラグビーノートというものだ。僕以外の選手はもちろん、ラグビーでなくとも野球やサッカーでも、アスリートは同じようなノートをつけている人も多いはずだ。そうやってノートに書いておくことで、自分のプレーの振り返りができて上達しやすくなるからだ。

僕はトヨタ加入1年目からずっとキャプテンも務めているので、イチ選手としてだけでなく、リーダーとしての視点からも交えてこのノートを書き続けている。

ただ、僕のノートが他のアスリートと少し違う点があるとすれば、書き込まれていることが、ラグビー選手としてのそれだけではない、ということだ。

僕はこのノートに、悩みや苦しみ、泣き言や欲望まで書いてしまう。自分の弱さや嫌な部分を全部正直に書く。カッコつけず、偽らず、本音を書き連ねることで「自分と向き合う」。これを、自分自身と「対話する」と僕は呼んでいる。

すると、書きなぐった言葉の中から、「弱い自分」が見えてくる。

「本当の自分」が見えてくる。

これを週に1度は必ず、時には毎日毎晩、欠かさず続けている。ノートの存在を知っている周りの選手たちやメディアの人たちから、「姫野は変わっている」と笑われたり不思議がられたりしながらも書き続けてきた。今では、このノートは「姫野ノート」と呼ばれたりもするのだが、そもそもなぜ、僕がこんな面倒くさいことをしているのか。

自分という人間を知るため、より深く理解するためだ。

自分のことを、はっきりと正確に理解できている人は、実は決して多くないと思う。ほとんどの人が自分のことをよく知らないままに「なんとなく……こうかな」と行動している、ということになる。僕もかつてはそうだった。自分の好きなように、その時の気分や感情で行動していた。そうなると行動に一貫性がなくなって、ブレてしまい、目標に向かって最短距離で進めない。

だが、本当の自分を知っていれば、

「僕はこういう考え方だから、じゃあ次はこうしよう」

「ちょっと嫌だけど、こうすべきだよな」

と自分の行動の精度を上げることができるし、迷ったり壁にぶつかったりした時でもブレずに進むことができる。

そうなればポジティブに自信を持って、行く道を選択することができる。自分で決めて進む道は、決して楽ではないかもしれないが、きっと楽しいはずだ。そういう生き方ができるとしたら、味わい深い人生になるはずだ。

この本は、そのノートから生まれた物事の考え方や捉え方、自分との対話の中で見つけた視点や意識をまとめたものになる。

自分と正直に向き合うことで学んだ、心の持ちようや人としてのあり方――僕にとって大切なことを抜き出して、ラグビーを通して経験してきた様々なエピソードを交えながら書き直したものだ。そして、ごく一部だが、ノートに実際に書いた内容をそのまま書き移した部分もある。いずれにせよ、僕が出した考え方や生き方の〝答え〟であって、誰にとってもの〝正解〟ではない。

ただ、正解ではないかもしれないが、ヒントにはなるはずだ。

自分と向き合うこと、自分を知ることの大切さは、アスリートも、学生も、社会人も、男性も、女性も、一切変わらないものだ。

書かれた僕の言葉が、あなたが自分と向き合えるきっかけになるのだとしたら、それだけでこの本が世に出た意味があった。そう思っている。

姫野和樹

3章 本当の自分と「向き合う」

4章 リーダーの「伝える」力

5章 人は誰でも「一流」になれる

撮影　岡本武志
デザイン　酒井好乃（I'll Products）
制作協力　栗原雄我（HALO SPORT）

1章 「目の前」だけにフォーカスする

メンタルが「勝てない相手をも倒す」

2022年11月12日。僕はイギリスのロンドン郊外にあるトウィッケナム・スタジアムに立っていた。

最大8万2000人もの大観衆を収容できるこのラグビー専用スタジアムで、僕たちラグビー日本代表は、北半球で唯一、ワールドカップ制覇を果たしているイングランド代表とのテストマッチを戦っていた。

トウィッケナムのアウェー感は、もの凄かった。

完全アウェーの8万人はヤバい。

本当に、めちゃくちゃヤバい。

8万人分の〝声〟――歓声は地鳴りと変わらない。サインプレーのコールも、すぐ隣にいる味方の指示の声すらもまったく聞こえなくなる。それなのに、僕たちがボールを持って攻め込むと、スタジアムは一気に静まり返る。

逆にイングランド代表にとっては、その声がエナジーになる。良いプレーをするたびに、

8万人から一斉に大声援と伝統的応援歌〝スウィング・ロー〟の大合唱、そして割れんばかりの拍手を送られれば、どんなに疲れていても体の中から力が湧いてくるに違いない。声だけではなく〝視線〟も、もの凄い。

周囲360度から受ける、〝味方ではない〟8万人の視線はそれだけで「圧」になる。圧を受け止め続けるだけで、何もしていないのに疲れている気がしてしまう。ワンプレーごとに、体からエナジーが削がれていくような錯覚に陥る。プレーが萎縮してしまったり、味方へのサポートが急に億劫になったり、本当にしてしまう。

心と体は表裏一体。

心が削られれば、次第に体も動かなくなっていく。

80分間、戦った結果は、13対52。完敗だった。

ラグビーというスポーツは、体と体のぶつかり合い、フィジカルバトルだけで勝敗が決まると思われがちだが、実は、単純な力比べだけでは、そう簡単に相手を上回ることはできない。

試合の勝敗を決めているのは、「メンタル」だ。

敵味方のフォワードががっちりと組み合うスクラムも、ボールの争奪戦も、1対1のタックル1つとっても、あらゆる局面の優劣は互いのメンタルによって左右されている。

どうやって、チームのモチベーションを高く保って普段以上の力を出し続けるか。

逆に相手には、メンタルに揺さぶりをかけることで「これはダメだ……」とどれだけ思わせられるか、いかに心を削って普段通りのプレーをさせないかが、何よりも大事になってくる。

それはこんな言葉にも表れている。

ラグビーの世界で、コーチや監督から、あるいはチームメイトから、必ず言われる言葉だ。

「どんなに苦しくても、絶対に膝や腰に手をつくな」

疲れてくると、誰でも体を支えるのすらもキツくなってくる。すると、両膝に手をついて休む姿勢を、どうしてもとりたくなるものだ。

だが、その姿は同時に、相手に「自分は疲れている」というのを教えているようなもの。

疲れていることがバレてしまったら、相手は勢いづいてしまう。

だからラグビー選手は試合中、疲れていないフリをし続ける。本当はめちゃくちゃ苦しくても絶対に手をつかずに、全然疲れていないそぶりをし続ける。

「苦しい時は、前を向いて胸を張って呼吸をしろ」

日本代表だけでなく、小中学生、高校、大学、社会人……どんなカテゴリーでも練習中からそう叩き込まれている。相手に弱みを見せず、そうやって少しでもメンタルで優位に立とうとする。試合中、相手に吹っ飛ばされても、ケガをしても痛いそぶりを見せないのもそうした理由からだ。


相手の心を折ったほうが勝つ。

心を折られたほうが負ける。


裏を返せば、メンタルで相手を上回れれば、フィジカルで劣る相手にも対等以上に戦うことができる。

勝てないと誰もが思う相手にも、勝つことができる。

それがラグビーというスポーツ――そう、ラグビーはメンタルゲームなのだ。

スコアボードは「見ない」

ラグビーやサッカーは、テニスや野球などと違い試合時間に限りがあるスポーツだ。

例えば野球は、10点差がついていてボロ負けしていたとしても、最終回に11点を取ってしまえば勝てる。テニスも何度マッチポイントを奪われても、そこから自分が最高のプレーをし続けて粘りに粘っていれば、どこからでも逆転することが可能だ。

ラスト1球、1分1秒まで勝てる可能性がある。

だが、ラグビーはそうではない。前半40分＋後半40分＝計80分という試合時間が決まっていて、時間内に相手を上回らなければならない。

一方的に押し込まれる試合展開になってしまった場合には、「時間的に絶対に追いつけない点差」「100％負けるとわかっている」中でも、プレーをし続けることになるし、し続けなければならない。

「もう、負けるとわかっているのに、そういう時、何を考えてプレーしているんですか？」

そんな直球の質問をされたこともある。

結論から言うと、僕は「何も」考えていない。

少なくとも、スコアのことは一切考えない。

トゥィッケナムでのイングランド代表戦も、残り時間10分で32点差だった。イングランド代表相手に、わずか10分の間に5トライ獲って5本のコンバージョンキックを決めるのは、現実的に不可能。勝利は絶望的だ。こうした状況は日本代表戦だけでなく、キャプテンを務めているトヨタの試合でも、これまでも数えきれないほどあった。

そんな時、僕はチーム全員を集めて必ずこう伝える。

「スコアボードを見るな」

なぜか。

過去は、変えられないからだ。

もちろんキャプテンとして出場している以上は、スコアボードは見ているし頭に入れている。残り時間や点差を常に計算し考えてはいるけれど、それはあくまでも僕個人のキャプテンとしての仕事。選手としての仕事は別だ。

メンバー1人1人が、自分に与えられた役割を80分間まっとうすること。それが選手として課されている唯一の仕事だ。

たしかにスコアは重要だが、それはそこまでの結果。

もう過去のことだ。

恨めしくスコアボードを眺めていても点差は縮まらないし、タックルミスで失った5点が帳消しになるわけでもない。どんなに頑張っても過ぎ去った時間は取り戻せないし、ここまでの結果はもう変えることはできない。


どうあがいても、過去には自分の影響を及ぼせないのだ。

スコアボードは、その過去が書いてあるだけのものだ。


唯一、そこから僕たちの力で影響を与えられることがあるとすれば、それは目の前で起きていることだけ――向かってくる相手とのコリジョン（ぶつかり合い）であり、相手のボールを奪うことであり、1センチでも前に進むこと、それしかない。

自分の力で変えられない、自分でコントロールできないのだから、点差は気にしなくていいものになる。スコアボードも視界に入れる必要がない。

自分の影響を及ぼせないもので言えば、レフリーのジャッジもそう。

レフリーも人間である以上、同じルールに基づいて判断していても、解釈や視点によって判断基準は1人1人微妙に違う。前回の試合のあのレフリーではOKだったプレーが、今日の試合のこのレフリーでは反則をとられる、ということもよくある。レフリーの判断と僕たち選手側の「いける」という判断が合わない時、選手は試合中にレフリーの基準に合わせることが求められたりもする。

もちろん可能な限りでチーム全員で修正を図るけれど、結局、合わないものは合わないし、アジャストできないものはできない、僕はそう割り切って考えている。

そういう思い切った割り切り方も必要なのだ。判定に怒りったり焦ったり、イラ立ったりしても、レフリーの下した判定は覆らない。もう自分の影響は及ぼすことができないのに、いちいちレフリーに反論していては、その時間が勿体ない。

限られた時間の中で、自分の意識とエナジーをどこに費やすべきなのか。それを探して、そこだけにフォーカスすることのほうがずっと大切だ。

「今、この瞬間」だけを「変える」

冒頭のトゥウィッケナムのように360度8万人全員が敵、というのは極端な状況だが、アウェーでは心身への負荷がどうしても大きくなる。

観客の声援が大きくて味方同士のコミュニケーションが取れない。相手がボールを持つだけで大きな歓声が起きるのに、自分たちが良いプレーをしても無反応、といった小さなストレスが積み重なると、自分でも気づかないうちにメンタルが消耗していく。メンタルが削られればそれだけ体力も余計に奪われていく。そうなると普段なら止められる相手に吹っ飛ばされるし、まだ走れるはずなのに、息が上がって足が重くなる。

そうした厳しい状況の中で自分自身、チームのエナジーを保ち続ける方法は、たった1つしかない。

目の前だけにフォーカスする。

周りを見れば敵だらけ。接点ではかなり押し込まれてしまっている。準備していたプレーが上手く出せない。試合時間は減っていく――その時、何よりも大切なのは、

「今、何をすべきか」

「次、どうするのか」

を考えることだ。

スコアボードと同じように、結果＝過ぎ去ってしまった過去は気にしても仕方がない。それよりも今、「ここからどうプレーするのか」＝プロセスにフォーカスする。それがめちゃくちゃに大切なことだ。

どんな試合でも、目の前の局面、次のワンプレーの積み重ねだけが勝敗を分けていく。〝目の前〟〝次〟を全力で獲り続けていった先に勝利という結果があるわけだ。


そして、僕たちが影響を及ぼせるのは目の前の状況、次のプレーだけだ。

目の前を全力で変え続けても、過去は変えられないが、未来はどのようにも変えることができる。

だから僕にとっては、試合中の点差は関係ない。

勝っていようが負けていようが気にしない。

逆転不可能だろうが大差がつこうがそれは、今、思い悩まず喜ばず、試合が終わってからゆっくりレビューすればいい。試合中に1つのミスや結果、過去にとらわれていたら、未来を変えるための時間がすぐに流れていってしまう。だからこそ目の前の局面だけにフォーカスする。自分のやるべき仕事だけに、試合終了のホーンが鳴るまで全力を尽くす。

過去も未来も「全部、捨てる」

「過去にとらわれない」のは、試合中のスコアだけではない。例えば前週に大勝した試合にも、逆にボコボコにやられてしまった試合にも一切とらわれない、ということでもある。

言ってみれば「切り替えの早さ」だ。

4年前の2019年9月、日本で初めて開催されたラグビーワールドカップ。9大会連続9回目の出場を果たした僕たち日本代表は、その大会で史上初の予選リーグ突破を目指していた。

総エントリー93か国の中から地域予選を勝ち抜いた20の国々は、1組5か国ずつ4グループに振り分けられ、グループ内で総当たりのリーグ戦を4試合行う。5か国のうち上位2か国がベスト8——一発勝負の決勝トーナメントに進むことができる。

日本代表と予選グループ同組は、アイルランド代表、スコットランド代表、サモア代表、ロシア代表の4か国。世界のトップ20が集まる大会だから、どこと当たっても厳しい試合になるのはもちろんなのだが、中でもアイルランド代表とスコットランド代表が、最大のライバルになると考えていた。

当時、日本代表の世界ランキングは9位。対してスコットランド代表は7位、アイルランド代表は2位だ。特にアイルランドは大会が始まる直前まで世界1位にランクされていて、優勝候補筆頭として日本に乗り込んできていた。

もちろん、どちらも〝ティア1〟だ。

〝ティア〟とは、2023年5月まで存在した世界のラグビー界における〝グループ分け〟のようなもので、世界ランキングとはまた別のカテゴライズだ。ティア1は、序列の中の最上級に位置するラグビー強豪国を指している。現在はティアという呼称は廃止されて、新しい5階層のグループ分けに改編されティア1も〝ハイパフォーマンス・ユニオン〟と呼ばれることになった。そして、そのカテゴリー最上位に、日本代表も加わることになったのだが、その話はまた後で書こうと思う。

2019年当時、このティア1には10か国、それに準ずるティア2には13か国が属していた。当時の日本代表はティア2という位置付けだった。ティア1と2の間には、相当な力の差がある。2015年までのワールドカップで、ティア2からベスト8入り＝決勝トーナメント進出できた国はフィジー、サモア、カナダのたった3か国だけだった。つまり、ワールドカップ予選突破すら許されないくらいにティア1の壁は高く、厚いのだ。

日本代表が目標とするベスト8に確実に進むためには、そのティアでも世界ランキングでも格上の2か国を倒さねばならなかった。しかし、その時点までの戦績はというと、日本代表はスコットランド代表に1勝10敗、アイルランド代表には1度も勝ったことがなかった。

アイルランド代表は予選リーグ初戦で、世界7位のスコットランド代表をノートライに抑える完璧な勝利を挙げていた。1戦目のロシア代表戦に勝利した日本代表の次の相手は、そのアイルランド代表だった。

日本中、いや世界中の誰もが「勝てる」と思っていなかっただろう。ラグビーというスポーツを少しでも知っている人ならなおさらだ。

というのも、ラグビーは〝アップセット〟番狂わせが最も起きにくい、「強いほうが勝つ」スポーツだからだ。体と体を直接ぶつけあいながら、ボールを手で持って運ぶという確実性の高い得点方法で競い合うため、サッカーや野球よりも運や偶然の入り込む余地が少ないのだ。

当然、僕の周囲は「どうやっても勝てるわけがない」という声が多勢を占めていた。

そのチームにどう挑んで、どう勝つのか。僕たちが最初にしたことはシンプルだ。

ロシア代表戦の勝利もアイルランド代表との対戦成績も、意識の中から消し去ることから始めた。

勝ったことは素晴らしい結果だが、次の瞬間からそれはもう過去のこと。過ぎ去った結果の余韻に浸っていても、次には繋がらない。同じようにアイルランド代表にこれまで勝ったことがないのも、すでに過去のこと。今の自分にもチームにも無関係だ。良い過去も悪い過去も、未来も全部まとめて捨て去って切り替える。

そして、同時に先を見ることもやめた。まだ始まってもいないアイルランド代表との勝負の行方を心配する必要もないからだ。例えるなら、

「大きな病気になったらどうしよう」

「明日、交通事故に遭ったらどうしよう」

と、起きると決まってもいないことに、ビクビクしながら生活するようなもの。心配したところでアイルランド代表の強さは変わりようがないのだから、それよりも、どれだけチームの力を1つにしていけるか、ということにフォーカスしたほうがずっといい。自分たちが最高の準備をするために時間を使わなければいけないし、集中しているか、していないかの差で結果に大きな差が生まれるのは、グラウンドの上でも同じだ。

過去と同じように未来も、直接自分の力が及ぶものではないけれど、ただ、未来が過去と違うところが1つだけある。今、目の前にある局面、次のプレーに全力で自分の影響を及ぼし続けていくことで、未来はいくらでも書き変えることができる。

実際に、僕たちはそれを証明してみせた。

19対12。

日本代表はアイルランド代表を倒したのだ。

11戦目で初めての勝利だった。

メンタルは「鍛える」ではなく「差し替える」

《日本、歴史的大金星》

《2015年南アフリカ代表戦勝利に続き、世界に再び衝撃を与えた》

翌日の新聞1面には大きな見出しが躍っていた。だがこんな時、僕は周りの声——チームの外側にいるメディアの記事や批評、SNSのコメントといったものは一切、気にしない。アイルランド代表戦前にも、2015年に開催されたワールドカップで、当時世界3位だった南アフリカ代表を相手に初勝利を挙げたことを引き合いに出して、それを期待する声もあったが、それもスルーしていた。

逆に少し調子を落としたり結果が悪ければ、批判めいたネガティブな言葉が嫌でも目からも耳からも入ってくる。

「日本代表、弱い」

「ベスト8なんて無理」

「姫野も全然通用しない」

もちろん、ファンやメディアがそうした声を上げるのは理解している。僕に対する良いニュース記事を読んだりポジティブな評価を目にすれば、正直、気分は悪くないし、プロとして日本代表として常に注目されているのだから、期待に応えるプレーができなければ厳しく批判されるのも仕方ない。

ただ僕はそのどちらも――評判も批判も、僕はまったく気にしない。

一切気にならない。

そうした周りからの声はすべて「ノイズ」と呼んで、シャットアウトする。

流石にSNSを禁止にまではしないが、合宿中や大会期間中はテレビのスポーツ番組や新聞、ウェブニュースはまず見ない。仮に目に触れたり耳に入ってきたとしても、外から聞こえるものはすべて〝雑音〟なのだから、そうと認識していれば、たとえネガティブなことが書かれていてもイライラしたり凹んだりする必要がなくなる。

だが、そういう僕も、最初からノイズを気にしないようにできたわけではない。

勘違いしている人もいるのかもしれないが、アスリートだからラグビー選手だから「メンタルが強い」ということはない。

体と違って、メンタルは鍛えることがとても難しいのだ。

だからというわけでもないが、僕はいわゆるメンタルコーチを個人的にお願いしたことがない。鍛えることができないのだから、コーチングしてもらうことも難しいと思っているからだ。

鍛えられないならば、どうするのか。

自分の意識を変える。

意識を変える、というスキルを覚える。

我慢を続けて、鍛えようのないメンタルを無理矢理鍛えようとしても辛いだけで意味がない。それならいっそ最初から、

「無関係な、わかっていない人が何か勝手に言っているな」

「無関係なんだから、それはアドバイスでも批判でもなく、ただの雑音だな」

そういう意識に差し替えてしまったほうが早いし楽だ。スキルだから丸暗記と一緒。一度、覚えてしまえば誰にでも、どんな時も使うことができる。

意識を変えれば、どんな大きな耳障りなノイズも聞き流せる。最初は拾ってしまうこと

があっても、だんだんと以前よりも耳に入らなくなって、そのうちにまったく気にならなくなるはずだ。電車がひっきりなしに通過する線路沿いに住んでいる人は、電車の音にも踏み切りの音にもいちいち反応しない。それと変わらない。

耳を傾けるのはノイズではなく「自分の声」

勘違いしないで欲しい。もちろんファンの感想として楽しんでいる声や、声援までもがノイズということではない。

「あぁ……！　もうちょっと早めにパスしたほうがいいのに……！」

お酒を飲みながら、そう語り合って観戦するのもスポーツの大きな醍醐味。ファン同士で存分に話題にして盛り上がって欲しいし、楽しんで欲しい。声援は、もちろん背中を押してくれるエナジーになる。

だが、選手個人やチームに対して心ない批判や誹謗中傷のような言動は、大きな見当違いだと僕は思っている。ラグビーは幸いにして少ないほうだけれど、サッカーや野球では、それが騒動やニュースになるまで発展することもたびたび目にする。

「お前、やめちまえ！」

「下手くそ！　もう出て来るな！」

そんなひどいノイズを見ると、自分のことではなくても悲しくなる。選手は誰しも、ミスをしたくてしているわけじゃない。グラウンド上の複雑に絡み合う条件、状況、一瞬ごとに変わり続ける局面の中でよりベターな、ベストなプレーをしようと懸命になる中でどうしても起きてしまうのがミスだ。

頑張っていない選手、戦っていない選手なんて、1人もいない。

それでもミスは必ず起きるし、必ず失敗をするのが人間だ。

その選手が長い時間をかけて積み上げてきた努力やプロセス、苦悩も胸の内に目を向けることもなく、切り取られた試合の一部分だけを見て、イージーに攻撃的な発言が繰り返されることは、ただただ残念でしかない。

攻撃的な悪い声はもちろん、あるいは期待の込められた良い声だとしても、それに一喜一憂しなくていい。一喜一憂していたら心も体も、もたなくなってしまう。

そもそも、わかっていない人の言葉が正しいことは絶対にないのだから、正しくない言葉ならば、耳を傾けたり煩わされる必要はないと割り切る。

２０１９年のワールドカップ直前のあるミーティングのことだ。日本代表ヘッドコーチのジェイミー・ジョセフが「自分で書いてきた」という詩を、メンバー全員の前で読み上げてくれた。

No one thinks we can win.
No one thinks we can even come close.
No one knows how hard you've worked.
No one knows what sacrifices you have all made.
You know we are ready.
I know you are ready now.
(誰も勝てると思っていない。
接戦になるとさえ、誰も思っていない。
君たちがどれだけ積み重ねてきたかは、誰も知らない。
君たちがどれだけの犠牲を払ってきたのかも、誰も知らない。
だが君たちは知っているはずだ。我々が準備できていることを。
私はわかっている。君たちは準備ができていることを。)

そう。自分がやってきたことは、自分にしかわからない。

これはスポーツだけではなく、何でもそうだ。何も知らない外野の声よりも自分自身の声、自分たちの声を信じるという、ごくごく当たり前のことをするだけでいい。そう意識を変えることは、きっと誰でもできるはずだ。

フォーカスしても「自分事にはとらわれない」

もう少しノイズについての考え方を書こう。

まず、ノイズは何も声だけとは限らない。自分が予期していない出来事——トラブルやアクシデントもノイズだ。

2019年6月、リーグ戦終了後、宮崎で行われた日本代表強化合宿に参加中の僕に思いもよらないニュースが入ってきた。悪いニュースだった。僕の所属チームであるトヨタの選手2人が「逮捕された」というのだ。

その宮崎合宿では、後に〝地獄〟と呼ばれたくらいの苛烈なトレーニングが休みなく行われていて、僕は精神的にも肉体的にも極限まで追い込まれていた。そんな中で、所属チーム、しかも僕がキャプテンを務めているチームで「まさか」と耳を疑うような不祥事が起きてしまったのだ。
めちゃくちゃショックだった。

「なんで気づけなかったんだ⁉　気づけるチャンスがあったんじゃないのか？」

「チームの仲間はどうしているんだ……⁉」

ともすればチーム存続の危機にもなりかねない。

「トヨタはこれからどうなるんだろう……」

色々な考えや思い、不安が溢れ出してくる。あまりのショックに、一報を受けた直後は立ち上がることができなかった。すぐにでも愛知に飛んで帰りたかった。ジェイミーも心配して「いったん代表を離れてチームに戻っても構わない」と言葉をかけてくれた。

僕の心は揺れ動いた。

トヨタは、僕が子どもの頃から憧れ続けたチームだ。苦しい時も辛い時も、トヨタというチームがあることが、「いつか、あのチームに入って活躍する」という夢が、僕を支えて助けてくれた。

その愛するチームが、ピンチに陥っているのだ。

仲間の誰もが不安に思っているに違いなかった。

「今こそオレがチームを支える番じゃないのか？」
「キャプテンとして、今こそ仲間たちと一緒にチームを立て直すべきなんじゃないのか？」
そう迷いに迷った。だが、僕は歯を食いしばって戻らなかった。
「戻らずに、ここでこのまま戦う」と決めた。

「日本を背負う」という目の前の仕事に、今はフォーカスすべきだと信じたからだ。

日本初開催となるワールドカップで、日本代表の一員としてベスト8入りという目標を達成するということが、その時僕に求められていた最大の仕事だった。責任を果たして目標を実現するためには、自分のすべてを捧げなければいけない。それでも足りないくらいだった。

4年に一度の大舞台で結果を残せば、5年先、10年先の日本ラグビー界発展のためにも大きな力になるに違いない。そんな時に、大切なチームのこととはいえ「自分事」を優先するわけにはいかない。現に、日本代表メンバーは全員、4年もの間、家族や家庭、プライベートといった自分事をすべて置き去りにして、ここに集まっているじゃないか。

「今ここで、自分事にとらわれてしまったら、オレは大義を果たせない」

僕が日本代表で責任を果たすことが、きっと苦しい思いをしているトヨタの仲間たちのプラスになるはずだ。そして、トヨタというチームの存在意義を、もう一度示すことにもなるはずだ。そう信じた。

「チームのことはオレたちに任せて、お前は代表だけに集中して欲しい」

そう言って僕の決断を後押ししてくれたのは、トヨタの仲間たちだった。

心を守る「1杯のカフェラテ」

ここまで「フォーカスする」というテーマで書いてきたが、何もそう難しいことではない。中学校や高校での勉強を思い出して欲しい。誰もが一度や二度は親や先生にこう言われていたと思う。

「今、やるべきことだけに集中しなさい」

程度の差こそあれ、みんな誰でもがやっていることだ。僕らのフォーカスもその延長線上にある。

もちろん僕も日本代表のどの選手も、常に集中し続けていられるわけではない。ずっと集中して机の前に座っていられないのと同じで、シーズン中や遠征中、常に張り詰めていたら誰でもパンクしてしまう。どこかでその意識を、緩めたり切り替える必要がある。

特にラグビーというスポーツには、常に〝恐怖〟がついて回る。

コンタクトへの恐怖、痛みへの恐怖、ケガへの恐怖、それに加えて「負けたらどうしよう」という試合結果に対する恐怖もある。恐怖が大きい分、選手の心にかかる負荷が他のスポーツに比べて大きい。負荷に耐え切れなくなれば、ラガーマンといえども簡単に心は壊れてしまう。

だから、心の平静を保つためのメンタルケアがとても大切になってくる。

心を保つために、「オン・オフ」を必ず切り替える。

自分の心を守るために、完全にラグビーから――恐怖から離れる時間を作る。

実は、僕自身はこの切り替えが上手いほうではないのだが、他の日本代表の面々は凄く上手い。リーチマイケル、中村亮土《りょうと》、田村優《ゆう》さん……彼らは終わった試合の結果をまったく気にしない。いつでもスパッと切り替えて、オフモードに入れる。誰も終わった試合の話は一切せずに、すぐにリラックスしてそれぞれにオフを楽しんでいる。そのスタンスは勝った時も、ボロ負けした時も変わらない。

さらに凄いのは外国人選手たちだ。僕は2021年に1シーズン、ニュージーランドのプロチーム・ハイランダーズでプレーしたのだが、ハイランダーズの選手は練習後や試合後にそのままサーフィンをしに海へ直行したり、ゴルフに行ったりする。中には練習前に「〝ハーフ〟8ラウンドを回ってきた」なんていうツワモノまでいる。

彼らに共通するのは、結果ではなく「そこまでのプロセスにフォーカスしている」という点。だからこそ、すぐに過去の結果から離れることができるし、自分の意識をラグビーから切り離すことができる。

そして「自分はどう過ごしたらリフレッシュできるのか」も、とてもよく理解している。

理解しているから、「負けたのに遊びにいくのか」というような周りの目なんて一切気にしない。心をリフレッシュしてコンディションを保つために、しっかりオフを有効に使うことだけにフォーカスできる。そういう人間は、ラグビーはもちろん仕事でも人生でも楽しむスキルを持っているし、彼らは実際、めちゃくちゃ楽しんでいる。

オンとオフの切り替え力とバランス感覚はこれから見習いたい部分なのだが、最近、僕もオフの時間に楽しんでいるものがある。

コーヒーだ。

専用のコーヒーマシンを買って、練習してラテ・アートまで描けるようになった。日本代表メンバーにはコーヒー好きが多くて、ほとんどの選手がマイ・コーヒーマシンを所有している。リーチや〝笑わない男〟稲垣啓太《けいた》もコーヒーが大好きだし、2021年に引退した元代表の〝スピードスター〟福岡堅樹《けんき》さんは、豆を挽くところからこだわっていた。

元々、ラグビー選手は試合前やシーズン中はお酒を飲めない、または飲まないことが多いので、みんなで集まってひと息入れるとなるとコーヒーを飲むことが多いのだ。コーヒーが苦手、という選手のほうが少ないくらいかもしれない。

僕が好きなラテは、作り方でまったく味が変わる。

豆の種類や挽き方はもちろん、ミルクの仕立て方や抽出圧力……色々なちょっとしたことで味が変わる。そこが面白い。

ラテ・アートもその日その日で、でき上がりが違う。カフェ店員ばりに上手く描ける日もあれば失敗してしまう時もある。趣味……と呼べるほどではないかもしれないが、描いている時間だけは、ラグビーのことも何もかも忘れて無心でいられる瞬間だ。それに、ラテ・アートならゴルフやサーフィンのように、数時間、一日単位で時間が必要ではなく、たった数分あれば楽しめるというのもありがたい。

フォーカスも緊張もいったん緩めて、また自分のすべきことに戻っていくための時間――。

1杯のコーヒーを楽しむ時間が、僕の心を守ってくれているのかもしれない。

今、この瞬間、目の前の、自分がすべきことだけにフォーカスする。これは言ってみれば僕の行動指針――〝羅針盤〟のようなものだ。僕が壁にぶつかったり、迷ったり悩んだりしていても、針先が常に変わらず進むべき方向を指し示してくれている。

だから弱い僕でも迷わず進んでいける。

そう。僕は弱い人間なのだ。

すぐに自分に負けて、楽なほうに行きたがってしまう。そんな時には羅針盤と自分の立っている場所を照らし合わせるだけで、「今、自分のポジションや思考が正しいのか」「ブレていないか」「間違っていないか」がすぐにわかる。もしもそこで間違いに気づいたのなら、いるべき場所に立ち戻ればいいだけだ。

そして僕のこの針はシンプルで単純だけれど、簡単には曲がらない。壊れない。

なぜか。僕のこの行動指針にはちゃんと〝基準〟があるからだ。


その基準が「芯」だ。


自分の中にしっかりとした芯を置いて、そこをすべての基準、出発点にする。

自分という人間の土台とも言えるものかもしれない。

僕は、ラグビープレーヤーとしてはもちろん、1人の人間として自分自身の中に「芯を作る」ということをずっと考えながら歩いてきた。

僕にとっての芯とは何か。

その芯は、いつ、どうして、どんな時に固まっていったのか。

次からはそれについて書いていこう。

2章

自分の中に「芯」を作る

良い選手よりも「まず、良い人間」であれ

ラグビーは数あるスポーツ、球技の中でも、ある意味で特殊かもしれない。

まず単純に選手の数が多い。1チーム15人も必要になる。他のメジャーな球技をざっと見渡してみても、サッカーは1チーム11人、アメリカンフットボールも11人、野球は9人、バレーボールは6人、バスケットボールは5人。試合になれば、敵味方合わせて30人もの人間が同じグラウンド内でプレーをするラグビーは断トツの数字だ。

15人もプレーヤーがいると、試合では選手1人1人への〝依存度〟が単純に低くなる。例えばリーグワンのあるチームに、どんな世界的超一流選手がいたとしても、その個人の力だけでは勝負が決することはまずない。個人の力だけである局面や状況を打開したり、決定的なプレーを生むことはあるけれど、少なくとも「その1人の力だけで勝てた」ということはラグビーでは起こらない。

15人が自由に動け、その中で激しいコンタクトがあるラグビーでは、相手15人をたった1人で80分間ねじ伏せ続けることは不可能だからだ。

だから、いわゆる〝ワンマンチーム〟が生まれない。

そこが野球やサッカーとは大きく違うところかもしれない。

比較するわけではないが、サッカーの世界は、王様のように振る舞う絶対的エースストライカーがいるチームも存在する。「守備を一切しない」「試合中歩いている」と批判されていても、監督やチームメイトとの確執が報じられていても、私生活の乱れがグラウンド内にまで影響していても、チームメイトからのリスペクトが無くとも、周りを黙らせるほどゴールを量産していれば、すべて許される空気がある。

だが、ラグビーではそれは許されない。

どれだけトライを決める選手でも、毎試合得点を稼ぐ優秀なキッカーであろうとも、ファンから絶大な支持を得るスター選手であっても、チームメイトからリスペクトされない人間は試合に出ることを許されない、という文化がある。さらにそれは、グラウンドの中だけでなく、グラウンドの外の行為にも及ぶ。

代表入りする実力や実績は十分ある選手なのに、そうした部分が影響して選ばれなかったということは、ごく普通にあることだ。

リスペクトがないというだけで、なぜメンバーに入れないのか。

それは、同じグラウンドに立つ他の14人が、その選手を信頼できないからだ。

ラグビーはチーム力を競うスポーツだ。

「こいつは、どんな時でも絶対に逃げずに体を張ってくれる」

「どんなに苦しくても、自分の仕事を必ずやり遂げてくれる」

常時全力のコンタクトが求められるラグビーでは、そう疑いなく信じられる人間でなければボールを託すこともできないし、向かってくる相手へのタックルを安心して任せることができない。

そして何より、そう心から信じられる人間のためにでなければ、自分も体を張ることができない。


2021年シーズンに僕がプレーしたニュージーランドのプロチーム・ハイランダーズ。〝ラグビー界のメジャーリーグ〟とも呼ばれる世界最高峰のリーグ、スーパーラグビーに参戦しているチームだが、そのハイランダーズでも実際にこんなことがあった。

ある時、チームメイト2人が夜遅くまで酒場でお酒を飲んでいたのだが、些細なことから言い争いになって、殴り合いの大喧嘩をやってしまった。

次の日の朝。

2人は、チームメイト全員の前で謝罪をさせられた。

ラグビー選手にとって、それが一番辛いペナルティーなのだ。コーチやチーム運営者から怒られるよりも、キツいことを一緒にやっているチームメイトから厳しい視線を受けたり、その信頼を失うことが何よりも堪える。

さらに2人は、ペナルティーとしてそこから2試合、出場もメンバー入りも許されなかった。どちらもチームのレギュラー選手、しかもその2試合はリーグ戦での上位進出を懸けたとても大事な試合だったのに、だ。根底にあるのは、こうした意識だ。

「試合よりも、勝利よりも優先すべき大事なものがある」

結果が何より求められるプロチームで、誰もが喉から手が出るほど欲しいはずの結果よりも、選手として人として結果以上に大切なものがある、とチーム全員が毅然と示したのだ。

たしかに試合に勝つことは重要だ。だが、同じ方向を向いていない人間や信頼できない人間は使わない、という部分は僕の好きなラグビーの精神であり文化だ。

One for All. All for One.

(1人は皆のために。皆は1人のために)

誰もが一度は聞いたことがある有名なラグビーの格言。この格言の通り、ラグビーの根底には〝I〟ではなくて〝WE〟の文化が流れている。

1人の1つの行動がチーム全員に影響を及ぼしかねない、仲間を危険にさらしかねないというスポーツだからこそ、仲間意識、帰属意識、自分の行動が与える影響についての意識がとても高い。

だからこそ、選手はチームのために、人間としてもベストを尽くそうとする。

良い人間でなければ、世界のトップには絶対に行けないスポーツでもあるし、逆にそうした良い人間を作ってくれるスポーツでもある。

そこがラグビーの特殊なところであり、面白さだ。

「今日一日を生き延びる」ことだけ考える

みんなのために、チームのためにベストを尽くす——口にするのは簡単だが、実際に行動に移すのは簡単なことではない。

簡単ではないからこそ、試合だけでなく練習中から、常時全力の献身的な考え方とプレーが求められる。チームのために、自分のすべてを捧げなければいけない。

特に、日本代表ではそれが厳しく求められる。

いや、求められ続ける。

これまでにも日本代表のトレーニングの厳しさは、何度か話題になったことがあった。2015年のワールドカップで南アフリカ代表を破ったエディ・ジョーンズ前ヘッドコーチ時代の日本代表合宿も相当タフだったと聞く。練習開始時間は朝5時だったそうだ。

「あんなキツいことはなかった」

「あれほど追い込まれたのは人生で初めて」

「エディーが何度も鬼に見えた」

ワールドカップ後、代表選手の誰もがそう口を揃えた。当時の日本代表の〝顔〟だった五郎丸歩《ごろうまるあゆむ》さんも、日本代表のトレーニングの凄まじさをこう振り返っていた。

「〝もう一度、この4年間をやれ〟と言われても絶対にできない」

南アフリカ代表戦のアップセットを含めて予選リーグで3勝をあげて世界中を驚かせたあの日本代表は、今の日本ラグビー界の大きな転換点になった。

当時大学生だった僕を含めて、あの試合を見ていたすべての選手、子どもたちが「日本も世界と戦える」という意識を持つことができた。

ほんのわずかの差で予選突破こそならなかったが、〝史上最強の敗者〟と世界中から称えられるほどの結果を残せたのも、そうした過酷なトレーニングが実を結んだからだ。

だが、エディーとジェイミー両方の日本代表を経験している選手誰もが真顔で言うのは、「ジェイミーの4年間のほうがキツかった」

「エディーもキツかったけれど、ジェイミーとはキツさの質が全然違う」

エディー・ジャパンを経験していない僕には比較できないが、たしかに初めて日本代表候補として過ごした2019年ワールドカップまでの4年間は、それまでの僕の人生の中でも間違いなく最もタフな4年間だった。


いや、タフなんて生易しいものじゃない。

めちゃくちゃにヤバかった。


どれくらいの厳しさかを言葉で伝えるのはなかなか難しいけれど、人生で心身ともに一番追い込まれたことは間違いない。僕の母校・帝京大学ラグビー部の練習やトレーニングもかなりの厳しさ激しさで知られているけれど、それが「楽だったな」と思えてしまうくらい苛烈を極めた。

そんな中で追い込まれていくと、人間は今日のことしか考えられなくなる。
明日のことを考えられなくなる。

「明日は、このトレーニングがある」
「明日は、もっとこうやってみよう」
「明日が終わればオフだ」

そんな先のことを頭に浮かべている余裕やエナジーが、一切なくなるのだ。ただただ「今日一日をどう生き延びるか」だけが頭の中を占めていく。

それほどまで、ひたすらに体もメンタルも追い込まれ続ける練習は3部制だ。

朝8時スタートの午前練は、ジムでのフィットネストレーニングとコンタクトプレーを行う。朝イチから〝ピンピン〟――1対1でオフェンスとディフェンスに分かれて、全力フルスピードで、ひたすらに真っすぐにコンタクトし合いタックルし合う。これをみっちり1時間。ジムでのトレーニングと合わせて、2時間ほどで午前練は終わる。

14時半からの午後練はチーム練習がメインだ。フォワード、バックス、そしてチーム全体でボールを使ってサインプレーや連動性を高める全体練習。全体練習の最後にフィットネストレーニングで息を上げて、17時に午後練は終了。

午後練が終わると18時から夕食になるのだが、選手はみんな、ほとんど食べられない。食えないのだ。

ここまでの練習で体だけでなく内臓まで疲れ切っているので、固形物を体が受け付けない。時間をかけてゆっくり味わえば食べられるのだが、19時から夜練がスタートするので、のんびり食べている時間もない。

少しでもエナジーを蓄えるために、食べ物を胃に押し込んだら、夜練の1時間半はバチバチのフルコンタクトだ。僕たちフォワードは、敵味方に分かれて、ひたすらモールとラックを繰り返しボールを奪い合う〝モールゲーム〟をする。

一日の全工程が終了するのは21時過ぎだ。

クールダウンしてお風呂に入り、軽く夜食を食べ終えるともう力は残っていない。ベッドに倒れ込む。

だが、今度は寝られない。

すぐにでも寝たいのに、眠ることができない。

夜練で激しい練習をした直後なので、体中の筋肉が熱を持ってしまっているからだ。なかなか寝付けないまま、目をつぶっているうちに気づくと空が明るくなっている。

そしてまた、8時からの全力のぶつかり合いが待っている。

求められるのは「ゴールを駆け抜ける」意識

中でも最も僕が……いや、チームの全員が〝狂気〟を感じたメニューが〝Yo-Yoテスト〟と呼ばれる持久力のテストだ。

ラグビーだけでなくサッカーやバスケットボールなど、世界中のスポーツ・シーンで行われているスタンダードなテストで、10秒のインターバルを挟みながら決められたタイム内での20メートル走を延々繰り返す、というもの。回数を重ねるごとにだんだん短くなっていく制限時間に2度遅れたらそこで終了。終了した選手から抜けていく。つまり、長く残れれば残れるほど、持久力、回復力が優れている選手という判定になる。

このテストの憎いところは、体力、フィットネス能力の低い選手のほうが先に体力をすべて使い果たしてしまうので早く終われるという点だ。逆に、フィットネス能力が高い選手ほど、力を出し切るまで、自分の体力が尽きて空っぽになるまで、長時間全力で走り続けることになる。

フォワードの中ではフィジカルの能力が一番高いのは〝ラピース〟ピーター・ラピース・ラブスカフニだ。ラピースは本当にフィジカルモンスターで、ウェイトトレーニングだと彼と僕は同じくらいだが、フィットネスでは彼が1番、僕は2番という位置付けだろうか。だから、Yo-Yoテストになると、僕やラピースは20分も30分も走り続けることになる。

終わりが見えないものが一番しんどい。

どんなに厳しいトレーニングでも「ここまでいったらOK」「そこで終わり」というゴールや数値があれば、人は誰でもそれを目指して頑張れるものだ。

だが、このテストにはそれがない。

終わりが決められていない中で全力を出し続けなければいけないのは、メンタルも激しく消耗していく。もはや〝無間地獄〟だ。

この猛烈に辛いテストが、代表合宿1か月間のうちになんと2度も行われる。

通常、このテストはどんなスポーツのどんなチームでも、年間に1度、せいぜい半年に1度程度しか行われない。持久力を短期間に何度も測定しても、あまり意味がないからだ。

それが1か月間で2度。

「頭おかしいんじゃないかな」と僕だけではなく、選手全員が思っていたはずだ。

実は、このテストでジェイミーが見ていたものは記録や持久力ではない。


「誰が、最後まで全力で走るのか」


彼が知りたかったのは、その一点だ。

極限に苦しい時、どんな状況でも、もう1歩を踏み出せる選手、自分の持てるエナジーのすべてを絞り出せる人間かどうか。ジェイミーはそこを見ているのだ。

だから、測定結果的に良い記録を出しても、ゴールラインを余裕を持って越えていたような選手は評価されない。記録自体は悪くても、最後の最後、ゴールラインに倒れ込むようにダイブしてなんとしてでも制限時間内に入ろうとする選手が評価される。


大事なのは結果じゃない。

自分の全てを、最後の1滴まで絞り出せるかどうかだ。

ジェイミーからの、そういうメッセージだ。

こうしたトレーニングは、世界の強豪国を見渡しても絶対に日本代表しかやらないし、やれない。断言できる。どんなにキツい厳しいトレーニングでも、「全部、真面目に取り組む」という国民性を持っているのは日本だけだ。

それを裏付けるような、こんな笑い話がある。

前任のエディー元ヘッドコーチは日本代表ヘッドコーチを退任した後、イングランド代表のヘッドコーチに就任したのだが（2023年7月現在、オーストラリア代表ヘッドコーチ）、彼は日本代表の時と同じように練習開始時間を早朝5時に設定した。

だが、イングランド代表の選手は誰1人、グラウンドに来なかったそうだ。

「朝5時でもちゃんと全員来る」というのが日本代表、日本という国の真面目さであり我慢強さを表していると思う。

そして、それこそが、日本代表の大きな武器の1つでもある。

「目先の金」に転ばない

代表合宿では、こうした日々が1か月間以上も続く。

日曜日からスタートして翌週水曜日まで、11日間ぶっ通しで練習。木金土と3日間オフになって2週間で1クール。これを3クール繰り返す。

合宿が終わると実戦期間に入る。合宿生活を継続してチーム全員で調整をしながら、他の国々の代表チームとのテストマッチを3〜4試合、毎週末こなしていくというスケジュール。

練習も試合も、それだけやっていれば、必然的にケガ人も出る。

ケガを恐れていては激しい練習、良い練習はできない。

ケガで次々と選手たちが離脱していき、入れ替わるように新しい代表候補が招集されてくる。その入れ替わった選手もケガでチームを離れていく。合宿中、ケガや痛みを抱えていない選手はいなかった。

だが、それでもジェイミーも僕たちも、トレーニングの強度を下げなかった。そうしなければ世界相手に戦えない、アイルランド代表には勝てないとわかっていたからだ。全代表チームの中で、日本代表が一番キツいトレーニングを積んでいるという自負がある。

なぜ、そこまでできるのか。

桜のエンブレム――日本の誇りを背負っているからだ。

それほどまでに僕にとって、いや、すべてのラグビー選手にとってあのエンブレムは重いものだ。だからこそ選手は全員、自分の体だけでなく、あらゆるものを犠牲にしながら日本代表活動に参加する。〝あらゆるもの〟とは、文字通り、時間もプライベートも家族も家庭も含め、ラグビー以外のすべてを指す。


日本代表に入ると、まずとにかく時間がなくなる。

ラグビー選手の一年は例年8月頃からスタートする。12月から開幕するリーグワンに向けて、所属チームでの練習が始まる。合宿などを経てチームを仕上げ、12月からほぼ毎週末、リーグ戦を戦っていく。

4月末にレギュラーシーズンが終了すると、上位4チームがプレーオフでチャンピオンの座を争う。リーグワンの全日程が終了するのは5月の下旬だ。

つまり、6月から新チームがスタートする夏までの1、2か月ほどはオフ期間になる。

その間に傷んだ体のケアをしたり、趣味に没頭してリフレッシュしたり、あるいは家族や子どもと一緒に過ごしたり……。シーズン中にはできないことをするための、次のシーズンも戦い抜くための大切な時間になる。

だが、日本代表はそのオフ期間に招集される。
6月になると強化合宿を張ってトレーニングをして、テストマッチ。その後でようやくオフをもらったと思ったらそれも束の間、1週間ほどですぐに再招集され、また合宿とトレーニング、そしてテストマッチを戦う。
11月頃、すべての予定を消化して日本代表活動が終わると、すでに始動している所属チームに、即、合流しなければならない。

そう。代表選手は一年中、休めないのだ。

それでも僕は独身だからまだいい。自分のことだけを考えていれば済む。
だが、家族や子どもがいる選手は本当に大変だ。1年間のうち、その半分くらいは自宅を離れて生活しなければならなくなるはずだ。家族と過ごす時間、親であれば子どもの成長を近くで見守りたいはずなのに、それもできない。

たくさんの大切なものを、犠牲にしなければいけない。

リーチマイケルをはじめ、家庭を持っているのに代表活動も続けられる選手は本当に凄い。もしも僕に家族ができたとして、リーチと同じように代表に行けるだろうか。わが子が生まれたとして、僕はラグビーを選べるだろうか。

きっと僕にはできない。

「子どものそばにいられないのは厳しい」と正直、思ってしまう。

そして、これだけあらゆるものを犠牲にしていながら、選手は誰1人としてその〝見返り〟を求めようとしない。

候補も含めて代表選手として活動すると、日本ラグビー協会側から日数分の〝日当〟が支給されるのだが、少し前まで、その額は「1日3000円」だった。

少しずつ見直され、最近は1万円程度にまで増えたが、それでも、単純にお金だけで考えれば、引っ越し作業のアルバイトでもしたほうがずっと割がいい。

そもそもラグビーは、お金という面では他のプロスポーツに比べるとずっと低い世界だ。〝世界最高〟と称されるような超一流の選手でも、年俸は2億円ほどだと言われている。トップ選手ともなれば年俸30億、40億を稼ぐ野球やサッカー、同じコンタクトスポーツであるアメリカンフットボールの世界とは大きな開きがある。

だからと一概に言うわけではないが、ラグビー選手は損得感情で動かない人間が多い。

お金に価値基準を置いていない人間が多いのだ。

「こっちのほうが得をする」

「このほうが稼げる」

という考えだけでチームの移籍など物事を決める選手は少ない。最近では、世界的に見るとそれも少しずつ変わりつつあるけれど、持っている基本的マインドの部分は多くの選手が同じだと思う。

自己犠牲のメンタリティーであり、文化だ。

自己犠牲を必ず求められるスポーツだから、そういう人間に育っていくのか、元々自己犠牲のメンタリティーを持っている人間がやるから、そういうスポーツになったのかはわからないが、こうしたメンタリティーを持った人間が集まっているというのは、僕がこのスポーツを好きな理由でもある。

リーチマイケルの「芯」

本当に、すべてのものを犠牲にしなければいけない日本代表としての活動は、色々な意味で心身を消耗する。僕自身、日の丸を背負い続けるということに対して、モチベーションが大きく下がったことがあった。２０２１年、ちょうどニュージーランドのプロチーム、ハイランダーズに加入していた頃だ。

代表のトレーニングや合宿に行けば、選手寿命を削りながら地獄のようなキツい毎日を過ごさねばならない。オフどころか気を休める時間すらもなく、毎日誰かケガをしていなくなる。まるで〝野戦病院〟だ。考えるうちに、考え過ぎて、僕は日本代表活動に参加することの意味がわからなくなってしまったのだ。

「めっちゃ命削ってるよな……」

ラグビーというスポーツは、選手でいられる時間が決して長くない。僕は２０２３年7月で29歳になった。世間一般的には「20代のまだまだ若手」に見えるかもしれないが、18歳、20歳の選手が代表デビューしてバリバリに活躍しているラグビー界では、もう中堅……いや、ベテランの域に入り始めている。その限りある大切な時間を日本代表に費やしたからといって、莫大なお金を手にできるわけではないし、逆に大ケガを負ってしまう可能性もある。

「リスクに対してリターンが見合っていないなぁ……」

「次の代表は招集されても休もうかな……」

そう考え込むくらいまで、メンタルが落ち込んでしまっていた。これだけ落ちたのは、社会人1年目にいきなりキャプテンを任された直後以来だ。


その時、僕がふと「彼に一度話を聞いてみよう」と思ったのが、リーチだった。


15歳でニュージーランドから日本の高校へ留学してきたリーチは、2008年、大学在学中の20歳の時に初めて日本代表に選出されて以来、15年間も日本代表を支え続けている。2021年まで長い間、日本代表のキャプテンも務めていた名実ともに日本代表の〝芯〟だ。

その一方、ラグビーを離れれば家族がいて、夫であり父でもある。一年のうちのほとんど、家庭を離れる生活で、本当ならば家族と過ごせるはずの時間を、15年もの間、日本代表にほとんど無償で捧げ続けている。

僕は、率直に自分の迷いをリーチに伝えた。そして尋ねた。

「オレ、もし家族を持っていたら代表に行かないと思うんです」

「なんでリーチは、そんなにも代表にモチベーションがあるんですか？」

リーチは黙って僕の話に耳を傾けていた。

普段から決して口数が多くはない彼は、その時も、たったひと言だけこう答えた。

「俺は日本を強くしたい」

「ただ、それだけ」

リーチは日本で生まれ育ったわけではない。ニュージーランド人とフィジー人の両親の間に生まれ、中学生まではニュージーランドで育った人間だ。選手としても、故郷であるニュージーランドの代表、オールブラックスにも十分選出されるであろう超一流のレベルだ。ラグビー選手であれば、〝世界最強〟オールブラックスのジャージに憧れを抱かない人間はいないだろう。

だが、それでもリーチは日本を選んでくれた。

日本ラグビーを強くする道を選んでくれた。ニュージーランドで生まれ育ったリーチが、日本で生まれ育った僕よりも日本人だった。

彼の言葉に僕は大げさではなく、震えた。日本を強くするという考えを貫き通す芯の強さが、無茶苦茶にカッコ良かった。

同時に、自分のあまりの小ささにハッとなった。「俺、めっちゃ女々しいな」と恥ずかしくなった。男なら中途半端な〝途中下車〟はあり得ないじゃないか。

「俺もリーチのようになりたい」

そう思うと、あれだけ悩んでいたことが嘘のように、モヤモヤしたものが消えていった。単純だと笑われてしまうかもしれないが。


「考える」ことは、たしかに大事だ。生きていれば、年をとっていけば、自分が大事にしているものや価値観も少しずつ変わっていく。そうなれば、色々と新たに意識したり思い悩んだりすることも増えていくだろう。

だが、その真ん中には芯が必要だ。リーチのような、いつどんな時でも変わらずブレることがない自分の〝生き方の根っこ〟がなければいけない。

リーチは語らず、僕にそう教えてくれていた。

芯とは「自分の基準」

自分の中に芯を作るのに、何も特別な能力や素養は必要ない。自分のやるべきことをシンプルにして、それをやり続けるだけでいい。

やり続けることで、生まれるもの見えてくるものがある。

何より「これだけやったんだから、絶対負けない」という意識が芽生えて固まっていく。

そうやってできた意識の塊は、何かアクシデントやトラブルが起きたり、壁にぶつかっても簡単には砕かれない。

負け試合が続けば、僕だって自信がなくなりかけることもある。だが、「どんな時もこれだけ続けてきた」という塊だけは疑いようがない。

それが自分の芯になる。

僕はあらゆる場面で、この自分の芯を意識して作ってきた。

例えばラグビーでは、選手としてトヨタのキャプテンとして、「どんな時も貫く」と固く誓っている3つの芯がある。

誰よりも走って、誰よりも身体を張り続ける。
誰よりも声を出して、エナジーを与え続ける。
誰よりも楽しむ。

これらはトヨタ加入1年目、当時のヘッドコーチにキャプテンに指名された時に立てた「3つの誓い」が元になっている。キャプテンとしてまったく上手くいかず、チームも悪い状態が続いている中で、1人悩みに悩んだ末に「これだけはやり続ける」と生まれたものだ。シーズン中、練習後や試合後に、この芯を基準にして自分の行動をレビューする。

試合中に3つの芯を貫き通せたか。
練習でやり切れなかったことはなかったか。
足りないものを感じた時、自分はどうしたか。

基準があればその振り返りがしやすくなる。自分がダメだった時や上手くいかなかった時に、どれくらい基準から離れてしまっていたのか――上手くいかなかった原因や自分の弱い部分をすっきりと理解できる。それができれば、次に自分がすべきことや修正点も明確にできる。

芯は自分の〝基準〟でもあるのだ。

そして、僕にはもう1つ芯がある。
人間として「いついかなる時もこうあろう」という芯だ。

常に一流であれ。

僕がラグビーに出会った中学時代、ラグビー部顧問だった松浦要司《ようじ》先生から何度も言われた言葉だ。

中学生時代の僕は、今振り返ると恥ずかしいくらいに、とにかくわがままで自分勝手だった。

ラグビーを覚えたばかりで楽しくて仕方がなかった。

少しでも早くボールに触りたくて、放課後が待ち遠しかった。それが行き過ぎて、自分のやりたい練習ややりたいプレーができないと、松浦先生に「なんでダメなんすか！」と食ってかかることがたびたびあった。先生であろうとチームメイトであろうと、気に入らないことがあれば感情のおもむくままに思ったことをそのまま口にしていたし、言い争いからケンカになったこともある。

そんな僕に、松浦先生は根気よく向き合って指導してくれた。僕に足りないものを、僕自身に考えさせようとしてくれていた。

「姫野、お前は心を鍛えなさい。心を鍛えて、常に一流であれ」

生意気盛りの中学生には、その言葉の意味が理解できるわけはなかった。

「何意味わかんないこと言ってんだ⁉」

「変なおっさんだな！」

松浦先生に向かって、そう悪態をつくこともあったくらいだ。

僕がその言葉の意味をようやく理解するのは、大学へ進んでからのことだ。「常に一流である」ことが僕の芯になっていく話は、また改めて書きたいと思う。

自分の強みは「誰かに求められるもの」

芯を作る上では、他の人よりも得意なことや優れている部分を、自分自身でしっかり掴んでおくことが大切になる。

「これだけやったから負けない」のと同じように「これだけは誰にも負けない」ものを自

覚していれば、それが揺るぎない自分の強み＝武器になるからだ。

例えば、僕の強みはフィットネスやフィジカルだ。その強みを生かして、ボールを持ったら、相手のディフェンスラインを突破しボールをキャリーする。ディフェンスでは、倒した相手から〝ジャッカル〟でボールを奪い返す。チームメイトはもちろん、見ているファンも、僕に対してはこうした激しいプレーを期待していると思う。

だが実は、そういった激しいプレーとは別に、僕にはもう1つ、強みがある。

それは「調子の波が少ない」ことだ。

つまり、プレーの安定感だ。

仮に、コンディションが今ひとつで好調時に比べると動きが良くない場合でも、試合に出れば、質と量をそれほど落とさずに安定したパフォーマンスを出すことができる。

波のない選手は、コーチ陣の視点から見ると試合で使いやすい。

調子が悪くても「一定以上はしっかりと仕事をしてくれるはず」と計算できるからだ。

計算できる選手がいれば、ゲームプランが立てやすくなるし、それを実行しやすくなる。

だから波の少ない選手は信頼してもらえるのだ。

逆に、波がある選手は使いづらい。エース級の爆発力がある選手だとしても、その日の調子次第で出してみないとどちらに転ぶかわからない、というのでは指揮官としては怖い。ラグビーの試合は、序盤はリスクを抑えて少しずつ勝利の要素を積み上げていく、という作業になる。その中で、開始直後から、いきなり良いか悪いかの賭けになってしまうのは避けたいからだ。調子が良ければいいが、悪かったら序盤でその試合を捨てることにもなりかねない。必然的に、波がある選手は試合後半に状況を打開したり、劣勢を跳ね返すための〝インパクトプレーヤー〟としての起用が多くなる。

安定感が強みである僕は、確実なプレーをすること。そして常に一貫したパフォーマンスを出し続けることが、コーチから求められる。

大事なのは、その「周りに求められている」という点だ。

自分の強みは、「周りから認められている」武器のことを指している。

自分で「オレの強みはこれだ」と、「評価されていないけれど得意なこと」や「求められていないけれどできること」をいくら頑張っても、それは強みにはならない。自分のやりたいこと、好きなことをやっているだけでしかない。

それではチームにおいて、自分の役割を果たしたことにはならない。

自分の強みが「チームの役に立つ」武器であることを、常に意識する。

こうした考え方は、スポーツだけに限った話ではないだろう。仕事でも、会社や部署でもきっと同じことだ。


僕のような波の少ない選手にとって、一番の〝敵〟はケガだ。

波がないというのは、一試合だけでなく、シーズンの最初から最後まで「グラウンドに立ち続ける」ことも意味している。だから、ケガの少なさ=体の強さも求められているのだ。

ラグビーの難しいところは、フルコンタクト・スポーツである以上、グラウンドに立つ時間が長くなればなるほど、ケガを負うリスクは上がるという点。そして、その激しさの中でしか上達しない、成長できない、というジレンマがある。

それでも良い選手は、やはりケガをしない。

僕と同じポジションで、2021年シーズンにはトヨタにも所属したオーストラリア代表キャプテンのマイケル・フーパーは、あれだけ激しいプレーをしながらケガをしたことがない。メジャーリーガーのイチローさんも、現役を終えるまで大きなケガをしたことが一度もなく、ずっとグラウンドに立ち続けていた。

ただ、非常に残念なことなのだが、僕自身はここ最近、ケガをすることが増えてきてしまった。

4年ほど前までは、体のケアをしないでもやれた。先に書いた日本代表の地獄の合宿では、招集された選手の中で離脱することなく全日程を完走できたのは、僕だけだった。あの頃は体のケアなんてしなくても、メシ食って寝たら治っていたのだけれど。

年齢を重ねて変わっていく体にどう対応していくかが、僕の今の課題でもある。

あえて「ルーティン」は作らない

僕は神様を大切にしている。

伊勢神宮や熱田神宮、靖国神社といった神様のいる場所を訪ねるのは好きだし、遠征に行って時間のある時は、その土地の神社仏閣まで散歩もすることもある。

もちろん、地元や自宅近くにある神社仏閣もよくお参りするのだが、〝おみくじ〟だけは絶対に引かないと決めている。駄菓子屋のクジ引きは大好きだったが、おみくじだけは子どもの頃から引いたことがない。

理由は単純。

〝凶〟を引いてしまったら、ちょっと嫌だからだ。

引いたその日の、その先の、自分を左右されたくないからだ。

《旅は西が吉》だとか《買い物は控えよ》とかを見た後で、少しでもアンラッキーなことが起きたらすぐに、「西に行かないと」とか「買い物したからだ」なんて思ったり、行動を制限されたくない。毎日生きていれば、良いことも悪いこともある。そのごくごく当たり前のことに、「凶だ」「大吉だ」と一気一憂したくないのだ。

「オレ、いつも大吉っす」

そう思っておくくらいでちょうど良い。


そういうメンタリティーだからか、ジンクスは気にしない。

大事な試合前に決まったものを食べる、といった〝勝負飯〟や、必ず〝勝負下着〟を身に着けて試合に出るといったことは1つもない。


そして、いわゆる〝ルーティン〟も持っていない。

ルーティンと言えば2015年ワールドカップで、キッカーを務めた五郎丸さんが有名だ。〝キックの前に手を組む〟ポーズを見せて一躍話題になり、一般の人にも広く知られるようになった。

アスリートがプレーに入るための動作や手順を、あらかじめすべて決めておくことで、その動作を行うだけで迷いなく安定したパフォーマンスを出せる効果がある――とされるのがルーティンだ。実際に五郎丸さんは2015年のワールドカップでこのルーティンを取り入れたことで、キック成功率を上げることができたし、取り入れている選手もたくさんいる。

だが僕は、こうした決め事が合わない。

ガチガチに縛られることが良いほうに作用しない。

「試合まで一日一日を、こういう風に過ごしていかなきゃいけない」

そう、がんじがらめになるのは息が詰まってしまうし、ルーティンを厳格化してしまうと何かの理由でルーティンができなかった時が怖い。「やってない！　どうしよう……」と逆にルーティンに追い詰められてしまう。何かミスが起きれば、人間はどうしても「ルーティンを守らなかったからだ」という意識になってしまいがちだ。

それも僕には合わない。

ミスが起きたとすれば、自分の力が足りないせいでしかない。だから、ミスが起きた原因を探して、修正するほう練習するほうに意識を向けたいのだ。

自分以外の何物にもとらわれず、変化し続ける状況に柔軟に対応できたほうが、しなやかで強い。そういう選手や人間は、なかなか折れない。

僕は常にそうありたいのだ。

ただ、ルーティンとは呼べないが、試合前にはいくつかすることがある。

試合前日に、その試合での目標をノートに書く。

そして試合直前に、風向きと太陽の向き、グラウンドの状況を必ず確認する。

どちらも、自分にとってチームにとって本当に必要な作業なので、それだけは必ずすることにしている。そうそう、試合前日には「好きなものを好きなだけ食べてもいいよ」ということにも、一応してある。1週間練習を頑張った自分にご褒美、ではないけれど。

ルーティンというよりも、僕の小さな楽しみ、だ。

信じるから「任せられる」

シーズン中はウィークデーに練習とトレーニング、そして土曜日か日曜日のどちらかが試合になる。それを毎週繰り返していくのだが、練習をしていると、

「あ……次の試合、勝てるな」

と感じることがある。勝つ自信が勝手に沸いてくるような、そんな感覚だ。

リーグワン2022―2023年シーズンの10節、日本代表メンバーでもある中村亮土や流大、松島幸太朗らが所属する東京サンゴリアス戦との試合前は、まさにそれだった。

2022―2023年シーズンは優勝候補の一角に挙げられながら、トヨタにとって苦しい試合が続いていた。開幕戦こそ勝利をしたものの、チームは波に乗れず9戦して3勝6敗。ディビジョン2との入れ替え戦もチラつく順位に沈んでいた。

特にサンゴリアス戦の前節、横浜キヤノンイーグルス戦では、1トライ1ゴールに抑え込まれて32点差の大敗を食らっていたこともあり、チームの状況はひいき目に見ても良くなかった。対するサンゴリアスは8勝1敗で、リーグ戦の上位4チームだけが進めるプレーオフ圏内にいた。

そこまでの結果から考えれば、勝てる相手ではない。それどころか、ワンサイドゲームもあり得る。多くの関係者、多くのファンはそう思っていたはずだ。


だが、僕たちは勝つ自信があった。

それだけ、その週は「素晴らしい練習ができた」という手応えがあった。

最高の準備ができていた。


チームのディレクターを務めているスティーブ・ハンセンがシーズン初めて笛を吹いてくれた中で、メンバーの誰もが、自分自身の目の前の仕事だけにフォーカスするようになっていた。週の後半になると、1人1人が自信と信頼を持ってグラウンドに立てるようになっていた。

試合直前には、僕たちトヨタは、すでにスタートラインについてスタートの合図を待っている陸上選手のような状態になっていたのだ。

その確信通り、サンゴリアスを相手に前半をリードして折り返した。

ハーフタイム、僕はロッカールームでこう叫んでチームを鼓舞した。

「最後まで自分を信じられたほうのチームが勝つ」

「自分の仕事をもう一回、後半やろう」

メンバーはそれに応えてくれた。文字通り魂のタックルをしてくれた。たとえ一度ディフェンスを突破されても、全員でカバーし合い、ボールを奪い返してくれた。

自分を信じる力は、仲間を信じることにも繋がる。

「このエリアの仕事は仲間がやってくれるから、オレは、その次のプレーのために先にポジションについておこう」

「孤立する前に、フォローを信じてボールを離そう」

信頼があるからこそ任せられるし、待つことができる。仲間の仕事は仲間に託して、自分は自分の仕事にフォーカスする。それをチームとして徹底できた。

「自分がやる」という責任感を持つことは絶対に必要だが、自分で何でもやろうとし過ぎるのは、逆に仲間を信頼できてないということでもある。

そもそもラグビーは、全部を自分でやろうとしてもできない、1人の力では勝てないスポーツだ。自分だけでやろうと無理をすれば、そこから綻びが生まれてしまう。

裏を返せば、メンバー全員が互いを心から信じることさえできていれば、チーム力を数倍にも上げられる。

「たったそれだけのことで、しかもわずか1週間でチームが変わるのか」

そう思う人もいるかもしれない。
だが、変わる。それがラグビーというスポーツの面白さだ。
そういった意味では、ラグビーは互いを信頼する力の強いほうが勝つスポーツだとも言えるのかもしれない。

80分間、信じ続けた僕たちはサンゴリアスを上回り続けた。そして、ついに、「勝てない」と言われた格上チームを倒して、残留争いから抜け出す大きな1勝を掴み取った。

周りの人間を信じて託すことができたからこそ、生まれた結果だ。
そのためには、前提として仲間やチームメイトを理解しておかなければならない。ただし、仲間のことを理解するためには、それよりも先に、理解しておくべきものがある。

自分自身だ。

自分自身を理解する——自分は「どういう人間なのか」を、自分自身が誰よりも正確に知っているということが何よりも大切なのだ。自分すらもわからない人間には、周囲の人間のことなんてわかるわけがない。

自分が見えてくると、自然と相手のことも見えてくるようになる。

では、自分を理解するためには何が必要なのか。
求められるのは、「本当の自分と向き合う」こと。それだけだ。
次のパートでは、僕が実践しているその向き合い方を書いてみようと思う。

3章 本当の自分と「向き合う」

「弱い自分」を受け入れる

メディア取材時の記者さんや周りの人間から、僕はよくこう言われる。

「姫野さん、本当にポジティブですよね」

「いつも笑顔だし、明るいですよね」

たしかにそういう面はある。「無理」「できない」「ダメ」……といったネガティブなことは意識して言わないようにしているし、誰かを責めたり妬んだり羨んだりする感情も、極力、抱かないように意識しているからかもしれない。

僕は子どもの頃から、駄菓子屋やコンビニのクジがバンバン当たるくらいにはクジ運が良いのだけれど、それも、「オレ、運がいいから」と思い込んでいることが当たりを呼び込んでいる気もする。そういう明るさは持っているのかもしれない。だが、

本当の僕は、めちゃくちゃに弱い人間だ。

ここまで「自分にフォーカスしろ」「目の前に全力を尽くせ」と書いてきたが、本当の僕はとにかく心配性で、「どうしよう」と不安ばかりで、「あの時こうすれば良かった」と

振り返って後悔ばかりしている。

そして、怖がりだ。

タックルに行くのは今でも怖い。僕より強くて大きい外国人選手と対戦する時は、正直、いつもこう思ってしまう。

「次の対戦相手は南アフリカか……怖いなぁ……」

「オレの〝トイメン〟はアイツかよ……ヤバイなぁ、めっちゃ怖いなぁ……」

毎日毎試合、恐怖心と戦っている。

自分の欲望に負けてしまう〝欲深さ〟も僕の弱さだ。

「遊びたいな」「飲みに行きたいな」「これやったらアカンよなぁ……」ということを、どうしても我慢できない。つい最近も欲に負けてビールを飲んでしまった。「シーズン中は禁酒する」と、自分の中で決めたはずなのに。

人に優しくできなかったこともあった。

外出先の道端で、何か困っていそうな人を見かけたのに声をかけることができずにスルーしてしまった。「困っていそうだな」と気づいていたのに、先を急いでいた自分の都合を優先してしまった。

スルーといえば、この間は落ちているゴミも拾わなかった。

街中、人混みの中で、腰をかがめて落ちているティッシュを拾うのに躊躇してしまったのだ。「あれはちょっとさすがに衛生的に……」と言い訳をして拾わなかった。

こんなふうにいつも、できない言い訳、やらなかった理由を探している。

プレッシャーにも弱い。

「今日は練習休もうかな」「手を抜きたいな」と、すぐ楽なほうに逃げたくなる。実際にはそうしなかったとしても、そんなことが頭に浮かんでしまう時点で、弱さだ。気づかないうちに弱いほうに意識が向いて、楽なほうに逃げようとしてしまう。

こうした自分の弱さは、たいてい自分でも〝自分の嫌いなところ〟として薄々わかってはいるものだ。でもそれを認めてしまうことが、なかなかできない。「自分の弱さを知るのは怖い」という人もいるかもしれない。

だが僕は、弱さを認めることを嫌だとも怖いとも思わない。

なぜか。

人間は、みんな、弱い。そう思っているからだ。

誰しもが自分を強く見せるものだし、「強く見せなきゃいけない」「弱い自分を見せたらダメだ」と思っている。「認めたら負けだ」と。

だからこそ、弱い自分は認められない、受け入れられないのだけれど、本当の意味で強い人間なんて、この世にはいない。

強く見せている裏では、皆、何かを抱えている。

だから、自分が弱いのもごくごく当たり前のことだ。

禁酒の約束すら守れない、苦しいと逃げたくなる、その度に自分が嫌になる。

でも、それでいい。

むしろ僕は誰かの弱みを理解できる人間でありたいし、そういう社会であって欲しい。

弱さを許容されない世の中は、何か違う。自分の弱さを正直にさらけだすことは、負けでもなんでもない。自分の弱さを認められない人のほうが、すでに負けている。

僕自身、弱気を隠して「オレ、大丈夫だいじょうぶ！」と思ってしまう試合ほど、タックルに行けなかったりする。

大切なのは、自分の弱さから目を逸らさないこと。

自分の弱さとしっかり向き合うこと。

弱い人間であることを、しっかり認めていれば、

「次、そういう場面になったら、次こそは絶対やろう」

怖さを受け入れていれば、

「……じゃあ、どうしよう？　どこから勇気をもらおうか？」

弱い部分がわかっているからこそ、そこに気を配ることができるし、事前に備えることができる。同じ失敗や後悔を繰り返さないために、次にどうすればいいのかを考えることができる。


弱さと向き合って受け入れるから、強くなれる。

ノートで「自分と対話する」

自分と向き合うため、自分の弱さを知るためのツールとして僕がずっと使っているのが、この本の最初にも書いた「ノート」だ。

２０１７年の社会人１年目、トヨタに加入して、いきなりキャプテンを任された時から使うようになったから、もう6、7年は続けているだろうか。

当時のヘッドコーチだったジェイク・ホワイトから指名されてキャプテンになったのだが、普通に考えて新卒1年目の選手がキャプテンになって上手くいくわけはない。先輩やベテラン選手が、そうやすやすと僕を受け入れるはずがない。当初、ミーティングでも試合前のロッカールームでも、僕の言葉に誰も本気で耳を傾けてくれなかった。

「コイツ、今から何を言うんやろなぁ……」

僕を眺めてそんなふうに思っているのは、みんなの目を見ればわかった。

当然だ。チームのこともチームメイトのこともわかっていない、何の結果も出していない新人キャプテンの言葉なんて、誰も信用しない。

空回りする日々が4か月近く続いた。

良い方向にチームを引っ張ることができず、結果も伴わない。どうしたらいいのか、頼る人もいない。八方塞がりになってしまった中、

「まずは気づいたことや、チームを少しでも良くするアイデアをノートに書き出してみよう」

と、始めたのだ。別にノートでなくても良かったのだが、「書く」ことが僕にとっては一番覚えやすかった。

ところがそうやって書いていくうちに、だんだんと、チームのことよりも自分自身のこ

とを書くようになっていったのだ。

「自分のことって意外に知らないな」

「自分のこともわからないヤツに、チームメイトのことがわかるわけがないよな」

まして、年齢もキャリアも考え方も違う40～50人の大人たちをまとめあげて、チームを引っ張っていくことなんてできるわけがない。

「まず、オレがどんな人間なのかをオレ自身がもっと知らないとダメだ」

こうして、ノートを使った「自分との対話」が始まった。


まず、僕がノートに書き出すのは大体次の３つ。


自分の状態。メンタルや体がどんな状態なのか。

自分がやらなければいけないこと。

そのために必要なこと。


何ができて何ができないかについても正直に書いていくと、おのずと内容はラグビーのことだけではなくなる。人として足りない部分や弱さ、「人としてこうなりたい」ということも隠さずに書いていった。

「こんな考え方じゃアカン」

「じゃあ、どうしたらいいのか」

そう自問自答を繰り返していくイメージだ。

ノートを書き始めた当時は、毎日毎晩、自宅で1人ずっとこのノートを書いていた。孤独感とストレスで苦しくなって、夜、泣きながらノートに向かうこともあった。

ただそんな状況だとしても、僕が書くのは自分のことだけ。他人への不満や愚痴は書いたことがない。あくまでも自分自身と向き合い、対話するための作業だからだ。

ノートは1シーズンですべてのページが埋まる。自宅には、いっぱいに言葉を書き溜めたノートが7冊あるだろうか。最近はノートがタブレットのメモアプリに変わったが、ことあるごとに、シーズンの終わりや始まりといった節目ごとに、今も書き続けている。

初公開「姫野ノート」を解剖する

「ノートには何が書いてあるんですか？」

取材などで、そう聞かれることもある。でも、これまで誰にも見せたことがない。誰かに見せる前提で書いていない日記のようなものなので、かなり……いや、めちゃくちゃ恥ずかしい僕の正直な言葉が並んでいるからだ。

だが、その恥ずかしさを堪えて、実際に僕がどんなことをノートに書いているのか、ここで公開してみよう。

これは２０２２―２０２３シーズンの途中、自分と向き合った時のノートだ。

・愛情と情熱
人にとってこの2つがとても大切。何をするにもこれがないと動けないから。エナジーはこの2つから生まれる。

【なぜか（= Why)】

トヨタへの愛はどれほどあるか？　年を重ねるごとに薄くなっているかもしれない。
・マネジメント
・環境
・未来への不安
・結果

いや。でもわかっている。本当は心の底では自分自身が原因だと。

ラグビーに対してハングリーでなくなっている。疲れた。人生を楽しみたい。そんなところか。

だけど、オレからラグビーが無くなったら何が残る？

大きい夢を持ち、モチベーションを上げる。

でもそれは本当のモチベーションではない。

ラグビーで有名になれた。大きくなれた。お金も稼げるようになった。いい暮らし、いい車、お金に不自由しない……。それが、たしかに1つの夢だったよな。

それで満足か？　今に満足しているのか？

オレの夢はそんなに軽いものなのか。

オレが立てた夢——ラグビーを国技に。トヨタを優勝に。日本代表を優勝に。世界一のバックローに。オレは諦めないからここまで来られたんじゃないのか。負けたくないからここまで来たんじゃないのか。オレには負けん気がある。勇気だってある。挑戦できる。失敗しても立ち上がってこられる。

今のオレは弱い。

でも、いい。闘おう。闘わなきゃ絶対に成長しない。

夢を叶えることが、人生を楽しむということだろう。今、満足しているのは1つの夢を叶えたから。もっと素晴らしいものが見られる。夢を叶えるために努力しよう。トヨタを導いていけるのはオレだけだよ。みんな求めている。

もう仲間を泣かせるな。チームを泣かせるな。もう二度とこんな思いをさせるな。

絶対にオレはやる。情熱と愛情を持っているはずだ。その気持ちに素直になればいい。

もう負けるのは嫌だ。

文句も言わない。言い訳もしない。環境や人のせいにして逃げるのは簡単だ。もう逃げるのはうんざりだ。負けるのもうんざりだ。

勝つ。

すべてにおいて、勝つ。勝つことにこだわる。

常に自分次第だ。

ポエムか、と恥ずかし過ぎて倒れそうになる。大学の先輩で日本代表のチームメイトでもある流大が、ノートを書いている僕に「お前、マジで変わっているよな」と言うのも納得できる。

だが、そうでなければいけないのだ。

ノートで何よりも重要なことは、こうして「すべて絶対に正直に書く」ということ。偽らざる本音、思っていることをすべて吐き出さなければいけない。自分と対話する時にカッコつけたり取り繕ってしまったり、嘘をついてしまっては書く意味がない。

《トヨタへの愛が年を重ねるごとに薄くなっているかもしれない》
《ラグビーに対してハングリーでなくなっている》
《お金を稼げるようになって満足か》

ここでも、テキストが進むにつれて、だんだんと、そう正直に吐き出していっている。これを書いたのは、2023年の1~2月頃。僕はケガで戦列を離れていて、チームとしても苦戦が続いている時期だった。状態が良い時に書くこともあるが、自分と向き合いたくなる時は、大抵、何かが悪い時だ。

ノートの一番の効果は、まず自分を知ることができること。
普通に生活をしていると、自分と向き合う時間はなかなかない。忙しさにかまけて流れていってしまうからだ。でも、「おかしいな」「違うな」「アカンな」と感じた時に一度立ち止まって自分と正直に向き合う。考える。そして、反省して軌道修正する。それが成長する上でもの凄く大切だった。

さらに文字情報にして目で見ることで、自分の中での理解度が格段に上がった。

頭の中のモヤモヤした考えやイメージが、整理されて、はっきりとまとまる。自分の現状をしっかり把握できるし、言語化されることで、自分のやれることとやるべきことが、パッと理解できる。自分の頭の中を自分でしっかり理解できているから、相手に言葉も伝えやすくなる。後から読み返せば自分を自分でレビューすることも簡単にできる。するど、自分の変化にも早く気づくことができる。自分のことが見えてくれば、不思議なもので自然と周りのことも見えてくる。人やチームの些細な変化、「おかしいぞ」ということにも気づくことができるようになる。


もう1つ大きな効果があった。

「書いた以上は、やらなきゃいけない」というモチベーションにもなるのだ。

リーダーとして自分の言葉に責任を持つには、自分から行動して、その背中を見せるしかない。いくらノートを書いていても、何も行動しなければ意味がない。

逆に言葉に行動が伴っていれば、僕の発する言葉にも〝重み〟が出てくる。

重みが出れば、自然と人は言葉に耳を傾けてくれるようになる。

だから書く。

書いたら、実行する。


キャプテン就任1年目、僕はこんなふうにノートに書く作業をひたすらに続けた。

まずはチームを引っ張らなければいけない。チームを勝利に導かなければいけない。だがそのために僕がやれることは、そう多くない。

「今の未熟な弱いオレにできることといったら何か……」

そう向き合い続けた結果、ノートに書かれた言葉から見えてきたことは、ラグビー選手として、とてもシンプルで当たり前なことだった。それまでずっと僕がラグビーで心がけてきた、言ってみれば僕の信条でもあった。


誰よりも体で示す。誰よりも走って誰よりも身体を張り続ける。

誰よりも声を出して、周りにエナジーを与え続ける。

誰よりも楽しむ。


実際に、当時の僕には、キャプテンとしてこれしかやれることが見当らなかったのだ。

この3つだけは「みんなが認めてくれるまでやり続ける」と自分に誓った僕は、練習や試合で、その誓い通りに全力で行動し続けた。それまでも当然本気で全力だったが、一瞬たりとも気を抜かなかった。

すると——試合を重ねるごとに、僕を見るチームメイトの目が変わっていくのがわかった。

心で話を聞いてくれるようになった。

僕への信頼を、肌から感じられるようになった。

それが結果にも表れ始めると、前年は8位に甘んじたリーグ戦では10勝3敗で順位決定トーナメント準決勝まで進出し最終4位に。カップ戦では初優勝も果たすことができた。

悩んでいる時、迷っている時は誰でも難しく考えてしまうものだ。だが、意外と自分の近くに答えがある。答えは自分の足元に落ちている。

それを見つけ出すのが、このノートであり「自分と向き合う」という作業だ。

「勝つ集団のマインド」を植える

「書きなさい」と言われたわけではないが、ノートを書くきっかけを与えてくれたのはジェイク・ホワイトだ。先にも書いた通り、ジェイクはトヨタ加入1年目、新卒選手の僕をキャプテンに指名した。

突然の話に、もちろん僕は驚いた。というのも、僕はそれまでのラグビー人生でキャプテン経験が一度もなかった。それまでの僕はキャプテンを任されるような立派な人間、選手ではなかったからだ。

だが、僕が任された理由は、すぐに理解できた。当時のトヨタは、体育会的な上下関係や雰囲気が色濃く残っているチームで、ベテラン選手が多く、若い選手が意見したり思い切ってプレーしにくい環境が少なからずあった。誤解を恐れずに言ってしまえば、風通しの悪い組織だった。

ジェイクもヘッドコーチ就任1年目。組織自体を変えなければ強くなれない、優勝することはできないと感じていたのだと思う。

彼は「トヨタを生まれ変わらせる」と本気で考えていた。

ド新人の僕をキャプテンにすることで、メンバー全員、チーム全体にその意思を伝える考えもあったのかもしれない。彼は僕を選んだ理由をこう説明した。

「私は、勝つために、何をすればいいのか知っている人間をキャプテンにしたい」

「だから君を選んだ」

僕の母校、帝京大学ラグビー部は当時、大学選手権を8連覇していた。僕はその、たった1つの勝利のために「150人近い部員全員が全力を尽くせる集団」から来た人間であり、「勝つ文化」を持っている選手だった。

その僕から見ても、当時のトヨタは勝つ集団には思えなかった。

選手のロッカーは汚れたまま、クラブハウスにもグラウンドの周りにもゴミが落ちていた。ラグビーをする前段階の部分から整っていない。大切な練習場所を大事にできないチームが勝てるわけがない。

負けることに慣れてしまって、勝つことへのハングリーさもなかった。

名門チームという冠にあぐらをかいて、ただ「ラグビーをやっていればいいんだ」という緩い雰囲気が感じられた。

キャプテンとして僕が与えられたミッションは、荒れ放題の土を耕して、勝つ文化、勝つためのマインドを1つずつ植えていくことだと思った。

もう1つ、ジェイクが僕に託した理由があったとするならば、それは、僕が持っていたトヨタというチームへのパッションだったに違いない。

ラグビーだけではない。仕事でもなんでも何かを本気で変えるエナジーの源は溢れ出すパッションだ。

愛知県で生まれ育ち、ずっとラグビー少年だった僕にとってトヨタは特別なチームだった。いつも応援していたし、選手はみんなカッコ良かった。もう中学生の頃から「高校卒業したらオレはトヨタに入る」と宣言しているくらい、僕にとって憧れのヒーローだった。

だから大学3年生の春、トヨタから入団オファーが届いた時は、即決だった。

有り難いことに、トヨタ以外のいくつかのチームからもオファーが来ていたこともあって、帝京大学ラグビー部監督の岩出雅之先生にも、

「長い人生を決めることなんだから、憧れだけじゃなくちゃんと熟考しないと」

と、アドバイスされたりもした。だが、僕は一切迷わなかった。

トヨタしかなかった。

子どもの頃の僕は、自分の置かれた環境が苦しくていつも不安で、今振り返ると、暗闇

の中を歩いているようなこともあった。良くない人間も周りにたくさんいた。

そんな中でも僕が希望を捨てずにいられたのは、トヨタがあったからだ。

その恩義を、僕は子どもの頃からずっと感じていた。トヨタがすくい上げてくれた、導いてくれたという思いがずっとあったのだ。

「トヨタでラグビーをして、トヨタで優勝する」

そんな愛するチームのキャプテンをするということは、凄く光栄で嬉しいことだった。

憧れのヒーローが、今、自分の力を必要としてくれるなら全力で応えたい。

僕はその場ですぐ、ジェイクのオファーを受けると決めた。話し合いの最後に、彼はこう付け加えて僕を送り出した。


「ラグビー選手として、どうなりたいのか」

「そして、人間として、どうあるべきかを考えておきなさい」


その問いかけこそが、僕が自分自身と向き合い始めるきっかけになった。

自分に「矢印を向ける」

ノートを書いて自分の弱さと向き合うことには、「〝矢印〟を自分に向ける」という意味もある。

矢印とは、説明するのが少し難しいが「物事を考えたり、振り返る時の意識の方向」というようなものだろうか。例えば、上手くいかない理由を他人のせいにしたりして、自分自身の振り返りをしようとしないのは「矢印が外に向いている」状態だ。学校や会社でもそういう人の顔がすぐに思い浮かぶかもしれない。ラグビーの世界でも、プロになるような有力選手の中にも「矢印が外に向いている」選手は少なからずいる。

だが、そういう選手は伸びない。

トップのトップ――一流にはたどり着けない。

そういう選手は能力があってケガもしていないのに、あるレベルにまで来ると伸び悩んだり、入った時は凄く期待されていたのに成長がピタッと止まってしまう。

そして、いつの間にか表舞台からいなくなってしまう。僕はそういう選手を、大学でも社会人でもたくさん見てきた。

彼らはほとんど例外なく、矢印を自分に向けていない。

他人や周りの環境のほうにばかり向けていた。


つまり自分や自分の弱さと、向き合えていない。

自分という人間を知らない。


わからないまま、知らないままに年齢を重ねてきたことで、自分がどこまでやれて、どこからやれないのかが自分でもわからない。自分の武器もわからないし、当然、弱さを受け入れる力も育っていない。

だから、例えば試合に使ってもらえない状況になると、不貞腐れる。拗ねる。

「なんで使ってくれないんだ」

「あのコーチは全然見ていない」

「アイツなんかより、オレのほうが絶対に力があるのに」

そうやって矢印をチームを率いる上司やスタッフ、ライバルに向けてしまって、使われない原因や理由を自分の中に探そうとしない。思い通りにいかないことは、全部他人のせいにしてしまう。

他人から厳しいことを言われるのが嫌いな選手も伸びない。やはり弱さを受け入れられる柔軟性を持っていないから、順応できないまま行き止まりになってしまう。

僕も中学高校時代は、まさにそういう選手だった。

自分のやりたいことしかやらなかったし、中学ラグビー部の顧問、松浦先生に怒られれば、「死ね！　ボケ！　コラ！」なんて口ごたえも平気でして、部活の途中で帰ってしまうようなクソガキだった。

当時の僕がそうだったように、怒られたり厳しいことを言われるのが好きな人なんていない。誰だって、認めてもらえなければ悔しいし納得できないだろう。

だが、他人の考えや言葉を飲み込める人間は強い。

受け入れる力がある人間は、いくつになっても成長できる。

社会人になってもトップでやれる選手、30代後半になってもメンバー入りして試合で活躍できる選手、日本代表に入るような選手は、全員もれなく、自分との向き合い方を知っている。

僕のように「ノートに書く」という作業ではないかもしれないが、自分と向き合って、「どうしたら自分が成長するか」を掴んでいる。

上手くいかない時にどうしても外に向きがちな矢印を、自分のほうに向け直す大切さをわかっている。

姫野式「1ページ目標設定術」

ノートは、自分と向き合うという目的以外にも使っている。

「目標設定」だ。

漠然とした目標も、書いて視覚化、言語化することで明確にできるからだ。

1年間の目標や1シーズンの目標、あるいは試合ごとの目標まで、必要なタイミングで書き出して設定しているのだが、基本は自分と向き合う時とそれほど変わらない。

2022─2023シーズンの最初、実際にノートに書き込んだ目標を参考に、僕なりの目標設定術を説明する。

色々と変遷を経て、今では〝4段階〟で目標設定する書き方に落ち着いた。

1段階目は大目標だ。自分にとってチームにとって、一番大きな目指すべきものを挙げる。

●2022―2023シーズンの目標

【大目標（＝Must)】

・リーグワン優勝。

・MVP＆ベストフィフティーン獲得。

・この目標を達成するために、己がラグビー選手だという〝自覚〟を持つこと。すべての生活の中でラグビーを一番に考えること。

2段階目。次からは、その大目標に到達するために「常に意識しなければいけないこと」を書き出す。言ってみればこれが中目標になる。どれもプレーやグラウンドの中のことに直結するものだ。2022――2023シーズンは7か条になった。

【中目標（＝Focus)】

1．ラグビー優先で物事を考えること。

2. 体調管理。
3. 常に謙虚でいること。
4. リスペクトを持ち、仲間を大切にすること。
5. Hard Work. 努力を惜しまないこと。
6. オンとオフのバランスを大切に。
7. ケガをしない（グラウンドに立ち続ける）。

3段階目。今度は、この7か条を達成するために必要なことを「今シーズンの自分ルール」として書き出していく。

グラウンドにいる時はもちろん、プライベートや生活面も、選手としても人間としても「何を、どのようにやるか」という部分をできる限り細かく丁寧に考えていく。

【小目標（＝How）】

（1）

・常にBestを尽くす。Bestなプレーヤーでいること。

・リーダーとして自分の芯を通すこと。

・最後まで練習すること。
・平日はストレッチすること。
・シーズン中は街中で飲まないこと（家 or 近所で）。夜中まで飲まないこと。
・ただし ByeWeek はルールなし。オフを大切にすること。

(2)
・手洗い、うがいの徹底。
・食事バランス。
・質と量のある睡眠。22時にはベッドへ入る。

(3)
・週1で家を掃除する。クラブハウスも。
・落ちてるゴミを拾う。ゴミ箱を片付ける。
・ノートで自分との対話をする（週1）。
・楽観的にならず、厳しさを持って練習する。
・考え方、言葉遣いに気を付ける。
・受け入れる力を大切にする。

（4）
・自分から仲間に関わる。
・すべての物事、人の〝背景〟を考える。
・〝自分は与えてもらっている〟ことを自覚する。

ちなみに（1）の最後、〝ByeWeek〟というのは「週末に試合のない週」という意味。練習もオフになるその週は、「息抜きしていいよ」ということだ。

《手洗い、うがいの徹底》といった生活態度のことまで、自分でも本当に細かいと思うけれど、ここまで自分のすべきことを整理していく。ラグビーと直接関係がないように見えるかもしれないが、実は、すべてラグビーに繋がっていることだ。

こうして自分のやるべきことをどんどん細分化して〝スモールステップ〟にしていくことで、毎日の生活、サイクルの中に、目標ややるべきことを落とし込むことができる。

だから、自然と目標達成に向かっていくことができる。

そしてラスト4段階目にまとめとして、自分の決意を書く。

【決意（＝Determination）】

もう一度、自分の価値を示す。言い訳もネガティブも、何も言わない。常に一歩でも良くなること。大きな一歩でなくていい。小さくても前に出ること。それがとても大切。一歩前へ出る勇気を持っているはず。

チャレンジを恐れない。失敗を恐れない。常に一流の男の背中を見せるだけ。立ち上がり、また立ち上がり、倒されても立ち上がり続ける。

それがオレの原点。

そうやって成長してきた。

今年1年、とても大切な1年になる。今に集中し続け、強くなってまた戻る。アーディーを超えるのはオレだ。

自信を持って、やるだけ。


これはポエム……いや、自分に対するメッセージだ。覚悟やパッションの部分を正直に書き切って、マインドセットする。最後の〝アーディー〟とは、〝世界最高のバックロー〟と称されるオールブラックスのアーディー・サベアのこと。つまり、「オレは世界一のバックローになる」という意味だ。

これが僕の目標設定術だ。書き方や書く項目は少しずつ見直したり、その時その時で変わったりもしているが、基本的な部分は変わらない。

今度は、試合前の目標を見てみる。

試合前になると、大目標の1つ目は当然すべて「勝利」になるわけだけれど、さらに具体的な数字の目標が加わる。試合前日の夜に必ず書くようにしているのだが、こちらはページ1枚分に収まるくらいのボリュームにする。あえて少なくしているのは、やるべきことの情報量を絞り、フォーカスして試合に臨むため。

これもめちゃくちゃに恥ずかしいが、参考までに3試合、挙げてみる。

まずは、ここまでも触れた、リーグワンでの〝アップセット〟を起こした東京サンゴリアス戦のノートだ。

●リーグワン　2022―2023シーズン第10節　VS東京サンゴリアス

【Must & How】

・タックル：20回

・D／T：2回

・ボールキャリー：12回／50メートル
・B／D&T／O：2回

【Focus】
・まずはコリジョンフォーカス。
・ダブルタックル。
・タックルもキャリーも〝激しさ〟大切に。
・B／Dボールへ AT（アタック）マインド。

【Determination】

男は理屈ではない。男に闘う理由はいらない。ただ相手を打ち負かすだけだ。目の前のヤツに勝つ。

〝今〟に集中し続ける。

失敗もあるだろう。失敗しても関係ない。何度でも立ち上がる。カッコ悪くてもいい。

そんな男がサムライだ。

明日はサムライになる。

オレの芯にある刃は絶対折れない。
サントリーには負けない。あいつらには負けない。
自分のリーダーシップを発揮しろ。仲間を導け。
仲間を信じろ。
「愛と情熱」これがオレのリーダとして、キャプテンとしての力だ。
思う存分、明日は闘おう。鬼神となれ。
絶対に勝つ。
ケガなく楽しもう。

【Must】の2つ目にある「D/T」は〝ドミネートタックル〟の意味。ドミネートタックルとは直訳すると〝相手を支配するタックル〟。相手を仰向けに倒してしまうような激しく強いタックルのことで、ドミネートタックルを決められるとその後、ボールを奪いやすくなるし、心理的にも相手の優位に立てる。

4つ目の「B/D」は〝ブレイクダウン〟、「T/O」は〝ターンオーバー〟だ。ブレイクダウン=ボールの争奪戦のこと。タックルが成立してできたポイントに、敵味方が密集してボールを奪い合う状況を指している。

そこでターンオーバー＝相手から〝ジャッカル〟などでボールを奪って形勢を逆転する、という意味になる。

【Focus】は最優先で意識すべきものだ。その1つ目にある「コリジョン」は〝衝突〟〝ぶつかり合い〟。「まずは相手に激しく当たることに集中しよう」ということになる。

もちろんトヨタでの試合だけではなく、日本代表として試合に臨む前にも書く。これは、2022年10月、国立競技場で31対38と初勝利に肉薄したオールブラックス戦前のノートだ。

●2022年10月29日　VSオールブラックス

【Must & How】

・タックル：15回

・D／T：2回

・ボールキャリー：10回／50メートル

・B／D&T／O：2回

・パス：10回

【Focus】

・肩を当てる、使う。足を活かす。背中。

・フットワーク&パス。

・B/Dボールへ ATマインド。

・7番の仕事だけに集中する。Do my job.

【Determination】

この1週間、120%ラグビーに集中した。

自分自身と本気で向き合った。

すべては、この試合のために。

自分が何者になったのかは、死んだ時にしか分からない。

まだまだ、なりたい自分にはほど遠い。

強くなる。

ラグビーを国技に。

世界一のバックローに。

夢はまだ続く。

明日はオールブラックス！　全身全霊を懸ける。
ここが自分のターニングポイント。
命を懸けるに値する。
最高の準備ができた。もう何も恐れない、不安もない。
あとはやるだけ。80分やり続けるだけ。
チームのためにやる。
闘う覚悟はもうすでにある。
自信を持って闘う。
そして最高の舞台・国立を、ラグビーを、楽しむ！
ケガは絶対にしないこと。

【Focus】の1つ目は、単に走る、コンタクトするのではなく「体の使い方を意識しろ」という意味だ。

10月29日、僕も含め、日本代表の全員が「勝てる」と自信を持って、このオールブラックス戦に臨んでいた。

過去6戦全敗。その中には完封負けや、ワールドカップでの〝128点差負け〟という歴史に残る屈辱的大敗も含まれている。その相手に、日本代表は粘り強く組織でディフェンスをし続けた。アタックでもチーム力を発揮し3トライを奪うと、後半38分には僕がチーム4トライ目を挙げて4点差にまで迫った。

あのオールブラックスを相手に、試合終了ギリギリまで「勝てる可能性」を残していた。勝つチャンスのある試合ができていたのだ。スポーツにおいて、可能性があるとないでは天地の差がある。

残念ながら結局、初勝利はならなかったのだが、世界ランキング4位（当時）を相手に、自分たちが積み上げてきた準備が間違っていなかった、と証明できる内容だった。

この2週間後、イングランド代表とフランス代表と戦った欧州遠征では、こう決意を書いている。

●2022年11月12日～20日　日本代表欧州遠征

【Determination】

時差や天候、ホテル、食事……何も言い訳するな。

常に自分はベストであり続ける。
そのために準備を大切にしろ！
どんな状況でも120％集中する。
まずは明日の練習。集中力を高く保ち、ベストを目指す。
なれ合いは必要ない。もう一度、謙虚に準備しよう。自分のペースでいい。
常に自分の足元を見る。
人としてもベストであり続ける。

自分はまだまだ弱い。人としてもラグビー選手としても。
また自分に負けてしまった。
少し結果を出しただけで浮かれてしまう。それではワールドクラスにはなれない。
一貫性のある人、選手でなければいけない。自分に負けていては強くなれない。
ここで自分の弱さを、もう一度、受け入れよう。

残り2試合、120％正しい準備、ラグビーだけに集中。
余計なことは一切考えない。チームのためにやる。

沢山の誘惑があるだろう。邪魔してくるだろう。
でも関係ない。オレはラグビーだけに集中する。
ＮＺ戦の週と同じ、一貫性のある準備を意識する。
チームにどれだけ貢献できるかで、勝つか負けるか決まる。
次は絶対に勝とう。
日本を背負っている責任を感じろ。
この遠征のテーマは〝一貫性〟。
常にブレない。
１２０％フォーカス。
全身全霊。
Streets　Fight.
最高の準備をしよう。

4章

リーダーの「伝える」力

伝えるのは「5つのうち、2つだけ」

いくらチームでキャプテンをしているからといって、20代の僕が「リーダーとは」なんて書くのは正直、おこがましい。僕自身、理想のリーダー像を求めて、日々手探りで勉強中だからだ。リーダー論というよりも、試行錯誤する中で気づいたことや心がけていることを、自分なりにまとめてみようと思う。

あらゆるスポーツにおいて、チームのリーダーに求められる能力や資質の中には、コミュニケーション能力——聞く力、話す力が必ず含まれているが、中でもラグビーは、そのコミュニケーション能力が重要視されているスポーツだと思う。

ヘッドコーチやスタッフ、メンバーはもちろんだが、試合になればレフリーとのコミュニケーションも必要になる。ラグビーでは、試合中にレフリーと直接やりとりできるのは基本的にキャプテンだけ。そこでのやりとりで、そのレフリーの判断基準や視点を正確に掴んでチーム全員に周知させなければいけないし、逆にこちらの言い分や考えを、レフリーに尋ねたりアピールして聞いてもらうことも必要になる。試合の流れを左右する可能性もあるので、キャプテンにはシビアなコミュニケーション能力が必ず求められる。

試合が終われば、メディアの取材にもキャプテンが答えなければならない。キャプテンはチームの代表、言ってみれば〝顔〟だ。トヨタでは僕の発言が「チームの言葉」にそのままなってしまうし、場合によっては、チームのオーナー企業である「トヨタ自動車の言葉」として広がってしまう。だから、ここでも伝え方には注意を払わなければいけない。このように伝える場面や状況、相手は様々で、それによって伝え方のポイントは変わるのだが、「どうやったら人に正確に伝わる」かを考え続けるという点は変わらない。伝える時に、常に僕が意識しているのは、

クリアに、シンプルに、伝える。

例えば試合中や練習中、ごく限られた短い時間内でチームメイトにプレーの修正点や問題点を正確に伝えなければいけない時。数十秒程度の時間で、絶対に必要なことを全員に伝えるためには、自分の言いたいことを、まず、ほとんど捨てる。

言いたいことが5つあったとしたら、実際に伝えるのは2つだけ。

3つあるのなら、そのうち1つだけしか伝えない。

優先順位の高いものだけにサッと絞って伝え、切り捨てた残りは試合が終わった後に、

じっくりフィードバックする。

修正点や問題点は、１つを指摘している間にたくさん次から次へと出てきてしまうし、どうしても言いたくなってしまうものだ。それを一度に全部伝えようとすると情報量が多過ぎる。聞き取るほうが整理しきれず覚えていられないし、すぐに修正しなければいけないことが意識に残らなくなってしまう。

伝える人数も多いので、たくさん修正点を伝えると１人１人がフォーカスするものもバラバラになってしまう。「ＡとＢとＣとＤ、そしてＥがダメだから修正しよう」と伝えた時、ある選手は「ＡとＢ」を意識していたとして、別の選手は同じ話を聞いて「ＣとＤ」を意識するかもしれない。さらに別の選手は「ＡとＥ」かもしれない。「修正すべき問題」がバラバラで、チームの意思統一ができていないことになる。

それでは１つも伝えていないのと同じこと。

そうなってしまうくらいなら、思い切って一番大事なこと、その次に大切なことだけを正確に伝えて全員に同じ問題点を共有させたほうがいい。

伝える際には、ネガティブな言葉を使わないことも大切だ。ミスをした選手にも、「アレはダメだ！　なんでもっと前で止められなかったんだ」とは絶対に言わない。必ずポジティブになれる言葉を探す。

「次、行くぞ！　取り返すぞ！」

そう声かけして、前を向かせる。そしてこれも大切なのだが、この時、自分の立ち振る舞いも意識しなければならない。

苦しい時ほど、リーダーの姿勢や声は、良くも悪くもチーム全体に影響を与えるものだ。リーダーが迷ったり不安なそぶりを見せれば、すぐに全員に伝染してしまう。自信無さげな様子では、言うことをどれだけシンプルにしようが、伝わらない。どんなにしんどい状況でも自信に満ち溢れて「逆にそのしんどさ、オレは楽しんでいるけどね」くらいに見せ続けること。それが相手に、自分の言葉を伝えてくれる。

目を合わせて「同じ画《え》を見る」

シンプルな言葉で要素を絞って伝えるのと同時に、チームメイトと「コネクト」する必要がある。

コネクトというのは文字通り、「隣の人と繋がる」「全員と繋がる」という意味だ。ラグビーの試合前や試合中——例えば失点直後などに、選手たちが全員で円陣を組んでいる光景を見たことがあるだろうか。

あの円陣をラグビーでは〝ハドル〟と呼ぶ。

一見すると、野球やサッカーでもよく見る、気合を入れるための儀式のように思えるかもしれないが、ハドルは儀式でもポーズでもない。コネクトに必要な、勝利するために必要な大切な行動なのだ。

コネクトすることの最大の目的は、チーム全員を同じ目標にフォーカスさせること。チーム全員が頭の中で〝同じ画《え》〟を見るため――「どうやって勝つか」「そのためには何が必要か」「何をすべきか」というイメージを持つために必要なのだ。

チーム全員、同じ画を見ることができていると、例えばアタックひとつとっても、全員が自然と完璧に動けてしまう。トライまでのランニングコースやフォローの入り方、ボールをパスするタイミング……等々、誰も間違わない。

「自分がすべきこと」が全員見えていて、トライまで同じ道筋を描けているからだ。

こういう状況になると、チーム全員で同じ方向に向かって戦える。だから強い。

ラグビーはチーム力を競うスポーツだと初めに書いた。どれだけ素晴らしい選手をどれだけたくさん集めても、選手個々人が「こっちで大体合ってるよな」というくらいの意識でぼんやり大体の方向を向いている状態では、持っている力の100％どころか60％も出せない。

だが、グラウンドに立つ15人、リザーブメンバーを含めた23人全員がコネクトできていれば、チーム力は120％にも150％にもなる。

そのために、まず全員でハドルを組む。

「横の人とまず繋がってくれ」

「隣の人とコミュニケーションをとってくれ」

自分の隣にいる選手と肩をしっかり組んで繋がる。隣の選手は、そのまた隣の選手と繋がる、その選手はさらにその隣の……そうやって全員で肩を組む。

組んだら、声をかける。

「みんな、オレの目をしっかり見ろ」

これを「アイズ」と呼ぶ。

僕の言葉に100％意識を向けてもらう必要がある時には、1人1人と視線を合わせることで、「リーダーの話を受け止める」ことにフォーカスさせる。

リーダーを媒介にして、チームを1つにコネクトさせる。そこで初めて伝えるのだ。

「自分の言葉」だけが人を動かす

ここまで書いてきたことと矛盾した表現にもなるのだが、極論を言ってしまうと、人は言葉では動かない。そういうものだと僕は思っている。

だからこそ、大切なことを人に伝えたい時には最低限、使うべき言葉がある。

それは「自分の言葉」だ。

どこかで聞いたことがあるような言葉、何かの本で読んだ言葉、誰かが喋ってたことを写した言葉……それをそのまま伝えようとしても相手には響かない。

自分の言葉でなければ、聞く人の心は動かない。

心が動かなければ、行動も起こさない。

聞いたことや読んだ言葉を使ってはいけない、というのではない。一度、自分の中でその言葉や意味を嚙み砕いて自分の言葉にしたものでなければ意味がない、ということだ。

誰でも人は自分の言葉で伝えようとすると、どうしても感情が出るものだ。喜怒哀楽が自然と溢れ出てしまう。

でもそれでいい。僕は伝えたい時には感情も隠さずに、自分の喜怒哀楽も相手に全部さらけ出してしまう。

あれはキャプテン2年目、2018—2019年シーズンの開幕戦、サンゴリアス戦だった。

トヨタはそれまで数シーズン、サンゴリアスに勝てていなかったが、その試合では前半から終始トヨタがリードを保ち続けていた。緊迫した接戦だったが、20対25とトヨタ5点リードのまま後半ロスタイムまで持ち込んだ。試合終了のホーンが鳴るまであとほんの少し、久しぶりのサンゴリアス戦勝利まで、あと一歩のところまで来ていた。

だが、サンゴリアスの最後の反撃を受けて、僕たちは自陣ゴール前にずっと釘付け。トヨタはペナルティーを繰り返しているという状況でもあった。

その状況下のブレイクダウンで、痛恨のペナルティーを犯してしまったのは僕だった。僕は"シンビン"10分間の退場処分に。その後、チームは結局、サンゴリアスにペナルティートライで7点を奪われて、逆転負けを食らってしまった。

試合終了の瞬間、僕はめちゃくちゃに泣いていた。

キャプテンとしてあまりに不甲斐なくて、泣きながらメディアの取材に臨み、こう言葉を絞り出した。

「ただただ悔しい。〝今度対戦したら絶対に勝つ〟とチームが1つになれたことが唯一の収穫です」

それまでは、取材でも自分の言葉で話しているように見えて、これまで自分が見てきたキャプテンたちの言葉を、気づかないうちに真似していただけだったのかもしれない。どこかで聞いたような〝キャプテンらしい言葉〟を話していただけだったのかもしれない。

だが、この時は悔し涙と一緒に、自分の思いが率直に出た。

メディアを通じて、その「自分の言葉」がチームメイトに伝わった。その試合から4か月後、カップ戦の決勝で再びサンゴリアスとぶつかった時、泣きながら伝えた「今度対戦したら絶対に勝つ」の言葉通り、雪辱を晴らして優勝を勝ち取ることができた。

チームの調子や状況が上がったから、チームがよりグッと1つになってチーム力が上がったからサンゴリアスを上回れたのだが、その1つのきっかけとして、言葉の力もたしかにあったはずだ。

リーダーの仕事は「心に火を着ける、だけ」

なぜ僕がここまで、自分の言葉を持っているか伝える力を持っているかを大切にして、こだわっているのか。

それは、リーダーにとって最も重要な仕事を果たすために必要だからだ。

それは、チーム全員の心に火を着けること。

リーダーがチームのモチベーターである、ということだ。

いや。

最も重要な仕事と言うよりも、キャプテンやリーダーに求められているものは、むしろこれだけだと思っている。これ以外の役割はすべて〝オマケ〟かもしれない。

2章でも触れた、サンゴリアス戦で僕たちトヨタが起こした小さなアップセット。この試合で僕がリーダーとしてやったことは、この「みんなの心に火を着ける」ということ、たったそれだけだ。

サンゴリアス戦までチームの状態はどん底だった。

サンゴリアス戦の前節、横浜キャノンイーグルス戦では、あわや完封負け寸前の大敗を食らった。後半最後に1トライを挙げて完封こそ免れたが、7対39と屈辱的なスコアで試合を終えた。

さすがに僕もショックを受ける敗戦だった。試合後の会見では言葉が出てこなかったし、ここまで差がついてしまった明確な原因も掴めなかった。自分たちがやってきたことや仲間を疑いかねない状況になってしまった。

だが時間は待ってくれない。リーグ戦では勝っても負けても、すぐに次の試合がやってくる。次のサンゴリアス戦までは1週間しかない。手をこまねいているわけにはいかないが、たった1週間で、ここから大きく個々人のプレーのスキルや強さを鍛え上げることも不可能だ。どうすればいいのか――。

こういう時、僕はいつも原点に立ち返る。

トヨタの選手としての原点は何かを、もう一度思い返してみた。

実は2022―2023シーズン序盤は、チーム方針もあってキャプテンを〝ピーター〟ピーターステフ・デュトイが担っていた。僕が途中でケガをして離脱していたこともあったし、チーム力の底上げのためにも、南アフリカ代表として世界一にもなった世界最高峰の選手であるピーターの経験値をチームに還元してもらえたら、という考えがあったのだ。

ピーターは、闘志を内に秘めながら言葉よりもプレーで、背中で、チームを引っ張っていける素晴らしいキャプテンだ。

ただ、こうした〝非常事態〟には、直接思いを伝えられる言葉が必要だった。僕のような、思いやパッションをガンガンさらけ出しながらそのまま言葉で伝える人間のほうが、チームのカンフル剤になるかもしれない。そう感じたのだ。

ある外国人選手も、こう言って僕を鼓舞してくれた。

「トヨタはヒメのチームでしょう？」

海外から来ているチームメイトもそう感じているくらい、僕は誰よりもトヨタというチームを愛している。トヨタで勝ちたいという情熱を持っている。

今のトヨタに足りていないのはエナジーでありパッションだ。

足りない愛と情熱をもたらせるのは誰だ。

それを一番、持っているのは誰だ。


オレしかいない。

トヨタの魂は、オレだ。

週が明けた月曜日、僕はヘッドコーチに直談判してキャプテンに復帰させてもらった。キャプテンに復帰した僕は、その日の練習から原点に立ち返って〝3つの誓い〟を徹底して示し続けた。

誰よりも走って体を張り続け、誰よりも声を出してチームにエナジーを与え続け、誰よりもラグビーを楽しみ続けた。

その原動力になったのは、愛と情熱だ。

チームや仲間を愛しているから「仲間のために」と怖くても相手に立ち向かっていけるし、「チームを勝たせたい」という情熱があるから強くなれる。

そして、キャプテンとしてゲームプランの腹も括った。スタンドオフを務めているティアーン・ファルコンやフルバックのウィリー・ルルーにこう宣言した。

「この試合では絶対に〝ショット〟ペナルティーゴールでの3点は狙わない」

「常にトライを獲りに行く」

「オレたちから奪いに行くんだ」

勝ちたいという情熱を、全員に明確に示すためだ。

トヨタというチームは、エナジーとパッションが満ちている状態の時に一番良いラグビーをする。サンゴリアスや埼玉パナソニックワイルドナイツのようなスマートなラグビーは、僕らにはできない。どちらかと言えば泥臭くてカッコ良くないチームだ。

でも、熱い。

全員がめちゃくちゃ明るくて仲が良く、チームへの愛と情熱を燃やせば、どんな相手にも自分たちの力をすべて出し切ることができる。それがトヨタというチームの文化だ。裏を返せば、そういう空気だからこそ緩みがちになる時もある。波に乗れず苦戦が続いてしまうと迷いが出てしまうし、迷いが出れば自分たちの良さが消えてしまう。

それがイーグルス戦までのトヨタだった。チームの良さと持っている力をもう一度、整理して、共有さえすれば強さを取り戻せる。僕はグラウンドでそのメッセージを伝え続けた。練習でも試合でも。

僕のメッセージは、メンバー1人1人に伝わった。

サンゴリアス戦後の会見で勝因を尋ねられた時、僕は正直にこう答えた。

「僕はチームの心に火を着けただけです」

その言葉通り、新しいことや特別なことは何ひとつしていない。僕がしたことは、自分の持っている愛と情熱を示し続けて、自分たちの行くべき道をチームメイトに伝えただけ。

それを受け取った1人1人が、自分で考えてくれたのだ。

自分たちのラグビーとは何か。自分たちの強みはなにか。

それを全員がもれなく明確に再認識してくれたからこそ、全員が同じ方向を向いてフォーカスできた。

それが、唯一の勝因だ。

「下を育てる」に逃げない

スポーツに限らず、ビジネスの世界、会社組織でも管理職の間でよく語られているリーダー論がある。

「リーダーの一番大事な仕事とは、〝次のリーダー〟を育てることだ」

たしかに重要な役目だとは思う。

僕は社会人1年目から6年以上も同じチームに在籍して、その間、ずっとキャプテンを続けてきた。チームの中で影響力が一番大きい選手だと自覚しているし、29歳になって、年齢的にも中堅というポジションになってきた。

するとたしかに最近は僕の中でも、そういう考えが大きくなっていた。

「もっと下の世代、次のリーダーを育てなきゃいけない」

「若手にもリーダーのポジションをやらせてあげて、経験を積ませないといけない」

特に2022―2023シーズンはキャプテンをピーターに任せていたこともあって、僕自身がどんどん前に出たり、リーダー的立場から発言することを意図的に控えていた。

育てるほうに立ち位置を変えていた。

リーダーシップとは、ある意味でそのリーダーの〝わがまま〟だ。「こうしよう」という自分のわがままを押し通すことで、チームや組織を引っ張っていく。僕はそのわがままを押し通すことを少なくして、あえて一歩引いたところでチームを支えよう、そんな役割に自分をシフトしようとしていたのだ。

「下を育てる」という名のもとに、中心になることを譲っていたわけだ。

でも、それは間違いだったと僕は思う。

「次を育てる」という考え方は結局のところ、「逃げ」だ。

自分が楽なほうに逃げているだけだ。

「若手選手を育てる」「次のリーダーを育てる」「自分の経験を伝える」——なんていかにも聞こえはいいけれど、自分で先頭に立ってチームを引っ張り続けることよりも、本当は、この立ち位置にいるほうがずっと楽だと感じていたんじゃないか。

矢面に立って、練習でも常にベストなプレーヤーでいることが、キツくなっただけなんじゃないか。

「人を育てる」のを体のいい言い訳にして、無意識のうちに楽な道を選んでいただけなんじゃないか。

それはリーダーの仕事を果たした気になっているだけで、結果的にチームのためにはなっていない。

キャプテンとして、リーダーとして、自分が全力で前に出て、わがままを押し通しながら道を切り拓いていくことがチームにとって最善なのであれば、何を差し置いてもそれを実行すべきなのだ。リーダーこそ、先頭に立って汗みどろになって、戦う姿を示すべきだ。聞き分けのいいことを言っていないで、わがままに思いを貫くべきだ。

少なくとも僕は、それがリーダーの仕事だと思う。

その姿が、必ず次の世代を育てているはずだから。

「怒り」はコントロールできる

「喜怒哀楽を隠さずに伝える」のは子どもの頃からだ。

そもそも隠さないというよりも、感情が隠せないが正しい。感情のコントロールが苦手で、ラグビー部の顧問の先生に食ってかかって言い争いをしてしまうくらいには、感情がそのまま表情や態度、言葉になって出てしまうタイプだった。

大人になった今でも、ムカつけば「何言ってんだ、コイツ」と顔に出てしまうし、悔しい時、悲しい時にはみんなの前でも本気で泣く。試合の応援に来てくれていた子どもにまで、「姫野選手、もう泣かないで」なんて慰められてしまうこともあった。

「それは違う」ということがあれば、たとえチームメイトでもストレートにぶつかっていくこともある。

だいぶ前のことだが、岩村昂太(現・三菱重工相模原ダイナボアーズ)ともリーダーシップを巡って大喧嘩をしたことがある。当時、岩村はチーム内に数人いるユニットリーダーの1人として、僕と一緒にチームをまとめていく立場だった。

だが、その時のユニットリーダーたちの姿勢を、僕はずっと物足りなく感じていた。

ある時、リーダーだけのミーティングの帰りにそれをストレートにぶつけた。

「みんな全然アカン！」

「リーダーなのに主体性がないし、練習でもベストを尽くせているか？」

「ただいるだけじゃ意味がない！」

僕の言葉に岩村もカチンと来たのだろう。

「なんでそんな言い方すんだよ！」

感情を隠さないゆえに、真剣にぶつかり合うことも少なくなかった。


だが、ここまでのエピソードと矛盾するようだが、普段の僕は怒る――怒りにかられるということが一切ない。

「怒り」の感情だけはコントロールする。


チームメイトとのミーティングで怒りをぶつけたのは、決して感情に任せてではなく、「ここは本気で出し合わなきゃダメだ」と判断したから出したに過ぎない。

僕が言うまでもなく、怒りという感情は上手く使えば大きなエナジーを生むものになるが、使い方を誤るとそれまで積み重ねてきた信頼や信用、人間関係を一瞬で壊してしまう。色々な考え方や意識の違いを持った大人が大勢集まっているチームの場合、そうなると一気に沼にハマったり、最悪、空中分解が起きてしまう。

元々は喜怒哀楽のコントロールなんて、まったくできなかった僕ができるようになったのは、大学、社会人時代での経験が大きい。

「怒りはコントロールしたほうが得だ」

「コントロールできるものだ」

そう、自分の意識を変えることができたからだ。

「意識を変える」とは、「そう考える習慣、クセをつける」ということ。

具体的に僕はどういうクセをつけたのか。

難しいことは何もない。怒りを我慢するのではなく、一度沸き上がってきた怒りをまずはキャッチして、反射的に返さないようにするだけでいい。例えるならば、投げたボールが壁に当たってすぐに跳ね返ってくる〝壁当て〟だったものを、ボールをキャッチして、キャッチしたそのボールを一度見る、というようなイメージだ。

まず、怒りが出そうになったら、怒っている相手の顔の後ろにあるもの――バックボーンや言動の背景を考えてみる。

「なんで、この人はこんなことを言うんだろうか?」

「どうして、こんなことしちゃうんだろう?」

その人の言動の背景を考え想像しながら、よく相手を見る。すると、だんだんとなんとなく見えてくる。

「……あぁ、そうか。この人が今できないのは昨日寝てないからかな」

そう。我慢するのではなく、「自分を納得させる」作業をするのだ。


納得しさえすれば、怒る必要もなくなってしまう。


逆に「まずは寝たほうがいい」とアドバイスすることもできる。怒る必要のない時に感情のおもむくまま、怒りのままにぶつかってしまえば、怒りが裏側にある物事や事象の本質を見えなくしてしまう。

それでは、問題解決につながる糸口も見つけられない。

クセをつける時に僕が使っていたのは、やっぱりノートだ。

ノートに怒ってしまったことや、ついムカッとした出来事を正直に書いておいて、ふと思い出した時に後から見返す。

「あの時は、つい自分に負けて感情的になっちゃったな」

「じゃあ、どう言えばよかったんだろうか」

「次、そういう場面があったらどうするか」

同じ失敗を繰り返さないように復習するわけだ。こうして一度クセがついてしまえば、反省するどころか最終的には怒る気すらなくなる。

「この人、かわいそうな人なんだな……」

怒りをぶつけてくる相手に大してそう考えられるようになったら、それはもう完全に怒りをコントロールできている。


コントロールできるようになれば、逆に「あえて出す」こともできる。

練習でも試合でも、ミスや失敗に対して僕は怒ったり責めたりすることは絶対にない。

でも、チーム全体で単純なミスを繰り返す時、ミスが起きることに対して準備ができていない時ははっきりと怒る。プレーに気持ちが入っていない時、厳しさが足りない時、ルーズボールに誰もリアクションしないような怠慢な雰囲気を感じた時にも、いったんプレーを止めて、時間をかけて全員に怒る。

「こんなのスタンダードじゃない！」

「しっかりやれ！」

リーダーとして全員に「これはアカンぞ」ということを、はっきりと伝える。

怒りは、出すタイミングを間違えてしまうとチームや選手個人の自信を失わせてしまったり、ポジティブな状態をネガティブに変えてしまうこともある。そして、そのタイミングというのは〝自分のタイミング〟ではない、ということも忘れてはいけない。自分の都合で怒るのは、感情にまかせて当たり散らしているのと変わらない。それでは、相手に正確に届かない。だからこそ、正しいタイミングで正しい量を出す。

リーダーは、正しくタイミング良く怒るための〝感度の良いアンテナ〟を持っておく必要がある。

相手を「よく見る」　相手に「合わせる」

上手に伝えることは決して簡単ではないけれど、意識して習慣を作ってトレーニングをすれば、誰でもできるようになる。

それでも伝えることが難しかったり、ストレスを感じたり、あるいは怖さを感じるのは、それは自分が相手のことを知らないからだ。

かなり社交的なほうだとは自負しているけれど、僕だって、相手がどういう人間かわからなければコミュニケーションは取りづらい。どう接していいかもわからない相手にコミュニケーションを取るのは、やはり怖い。

だからチームに新人が加入してきた時、僕は必ず食事に誘う。昭和体育会的な古典的な方法だが、「ごはんを一緒に食べる」のが一番その人間がわかる。ちょっとした動作や言葉に、グラウンドでは見えなかった〝素〟が出ているからだ。その人の育ってきた環境や考え方、「どういう人間か」がふっと見える。

「コイツは先輩でもガンガン来るから、オレも考えをはっきり伝えた方がいいな」

「プライドが高そうだから、褒めて伸ばしたほうが良さそうだな」

「この子は少し控えめだから、アイツとは違うアプローチした方がいいよな」


まずは相手を見る。

よく見て、知ろうとする。


これは、僕が尊敬する偉人の1人〝日本資本主義の父〟渋沢栄一が大切にしていた人間を知る時の「視観察」に通じている。

「視」とは、相手の「見た目や言動を見る」こと。一番すぐに見える部分をよく観察する。

「観」は、その言動の「動機を見る」こと。同じ行動に見えても動機が変われば その意味も評価も変わってしまうので、「なぜ、そうするのか」を正確に見定める必要がある、という意味だ。「察」は、この動機でその言動をしている人が「一体、何に喜びを見出しているのかを見る」こと。その言動や動機のさらに奥にある、その人の「人間性や本質を見抜く」必要性を説いている。

これを知っておくだけで、格段にこちらの考えを伝えやすくなる。

厳しい言い方になるかもしれないが、29歳の僕から見ても、最近の若い選手は人間的にルーズな言動が目に付くことがある。「最近の若い者は……」なんて言葉を使うくらいには、僕が歳をとったということかもしれないが、若い選手は、練習やチームの集合時間に1、2分遅刻をしたりすることが少なくない。「1分くらいならセーフじゃない」という、緩さのような空気感を世代全体に感じることがある。

加えて、ラグビーに限らずスポーツ界全体、強豪校ですら〝脱体育会系〟に向かっている。上下関係も5年前、10年前ほどには無くなってきている。

理不尽な厳しさや過度な上下関係が無くなっていくのはもちろん良い方向だけれど、それと一緒に、厳しさの中にある人としての礼儀や良い文化を、先輩後輩、チームメイトの間で教えられなくなっているのだと思う。

そうした中で成長してきた若い選手にとって、「プレー以外のところも、ちゃんとやらなきゃ」という意識自体、希薄になるのは仕方ない部分もある。当然、厳しく言われると必要以上に凹んでしまったり、拗ねてしまったりする繊細な若い選手もいる。

リーダーである以上、そんな若い世代相手にも伝えなければいけないし、コミュニケーションから逃げ出すわけにはいかない。

そういう時、相手を見ていたかどうか、知っているかどうかが大切になる。

「言わないとダメなヤツ」「見守っていても大丈夫な子」を掴んで自分の中で線引きをしておく。

見守っていて大丈夫な人間は、そのままでもある程度放っておいてもOKだが、気をつけないといけないのは、言わないとダメなタイプ。彼らには、言うべきことはその場ではっきりと伝える。

言って、気づかせる。

気づかせて、自分で考えさせる。

言わないとやらない、やれない人間は先を自分で考える力＝想像力が足りていない場合が多いからだ。伝える側もその点を見て、相手に合わせる必要がある。

トヨタにも1人、まさしく「言わないとダメ」な若手選手がいる。

能力や持っているもののポテンシャルは高い。もっと自分で考えられるようになってスマートになれれば、より良い選手になる可能性が高い。だから彼に対して、僕はプレーはもちろん生活態度まで、目についたところはその場で言う。

彼はクラブハウスでの食事の際の、食堂内のちょっとした決まり事やルールを守らない。

そういう時は、すかさず問いかける。

「お前がこうした時、食堂のおばちゃんはどう思う？」

いきなり上から「アカンやろ！」ではなく、そう投げかける。

「……あぁ、たしかにマズいですね」

そうやって考えさせる。

考えるクセを身につけさせる。

僕が先輩や先生方にそうしてもらったように、だ。


「言わないとダメ」なのに王様気質——プライドの高い若手もいる。

こういうタイプはある意味で繊細だ。頭ごなしにガミガミ言ってしまうと拗ねてしまったりこじれてしまって、それも選手の力を引き出すという観点からすれば良くない。だからある程度「いいね」と認めながらのびのびとやらせたところで、タイミングを見計らって別の視点からのヒントを与えるようにする。

「それも良いいね。でもこうした方が、もっといいかもしれないな」

人は誰でも、自分で考えて納得できないと成長できない。リーダーの一番大切なミッションは、個性的なチームメイト1人1人の持っている能力を最大限に引き出し引き上げて、それをチームとして1つに集束させていくことだ。

そのためには、1人1人をよく見て相手に合わせて、こちらが変える。

リーダーが変わる。

これは試合中、レフリーとのコミュニケーションにも応用している。

前にも書いたが、ラグビーでは試合中、レフリーとのコミュニケーションが許されているのは原則、キャプテンだけ。例えば反則があった場合や反則が起きそうな場合、レフリーからの指示や注意、説明はキャプテンを通じて当該選手やチームに伝えられる。ラグビー独特のルールだ。

試合中、僕はレフリーの性格や考え方の傾向をまず見るようにしている。そして、それに合わせてコミュニケーションを図る。

レフリーといえども人間だから、10人いれば10人それぞれ性格や考え方が違う。だからアプローチのされ方にも好みがある。言葉遣いを含めて選手と対等な関係を好むレフリーもいれば、対等にこられるのを嫌うレフリーもいる。こちらからアピールしないと、なかなか相手の反則を見てくれないレフリーもいる。

選手と対等な立ち位置を嫌がるタイプには、「○○さん、ちょっといいですか?」と、かなり下手からコミュニケーションをとりに行く。逆にこちらから要望を伝えたほうが良いタイプには、遠慮せず、時には、あえて上から押さえるイメージで強気に出ることもある。

海外の選手は、レフリーに対してかなりガンガン言う場合が多い。ワールドカップで勝つか負けるかギリギリの勝負をする中で、相手チームのそうした声に負けずに、外国人レフリーを「自分たち側につける」のもキャプテンのめちゃくちゃ大事な仕事だ。

無論、その時、対等な立場で戦うためにもキャプテンの英語力は必要になるのだが。

あえて口に出さず「先にやってみせる」

僕は上下関係に厳しいほうではない。むしろ、親しい先輩——大学時代の先輩だった流大や中村亮士は「おい、ユタカ!」「リョウト!」と呼び捨てにしているし、〝タメ口〟だ。自分が上下関係に緩いので、僕も後輩からのタメ口は全然気にしない。

だが、そんな僕でも〝親しき仲にも礼儀あり〟だけはわきまえている。

例えば、先輩と食事に行ってご馳走してもらったら、気の置けない相手であったとしてもその場でもちろん御礼を伝えつつ、後で、もう一度、改めて感謝のLINEも送る。

「今日はごちそうさまでした。ありがとうございました」

それが当たり前のことだと思う。

昭和体育会が消えつつある最近は、そういうことを学んでこない場合もある。だから、チームの後輩と食事に行って僕がご馳走をしたけれど、解散後、誰からも御礼が来ないことも度々ある。でも、そういう時「改めてお礼送るもんやぞ」と後輩に言うことはない。

「今日はありがとう。楽しかったわ」と、あえて僕からLINEを送る。

僕から先にやってみせる。


これは「人として、御礼は丁寧に伝えないとアカンぞ」「こんなふうに、送るんやぞ」という僕からのメッセージだ。

「後から、こうやって改めて御礼って伝えたほうがいいよな……」

「ご馳走してもらったんだから、僕から先に送るべきだった……」

そう自分で気づいて欲しいのだ。

どんなことでも、「やれ」と人から言われてやるのは簡単だ。「ご試走してもらったらお礼を送れよ」と先輩から言われたら誰でもやるだろう。

だが、「先輩から言われたからやる」のでは意味がない。

人の言葉で変わったとしても、それは一時的なものである場合が多いからだ。僕がいないと変わらないのであれば、変わったとは言えない。中身は受け身のままだ。

自分でハッと気づいて、考えて、納得して、行動するから学びになる。学びになるから成長する。だから僕は、少しでもそうなるように、周囲の人間が自分で気づいて納得できるような、そんなアプローチをしたい。

かつては僕も、人としてわきまえていない人間だった。

その僕を大学やトヨタの先輩たち、監督や先生たちが時には行動で、時には言葉で、「人としてあるべき姿」を指し示してくれた。それを僕が見聞きする中で、自分で考えて、どちらが正しいのか納得しながら歩んできた。

だから成長できた。

まぁ、〝僕からLINE〟を何度送ってもどうしても気づかない後輩には、さすがに「お前、御礼は送ったほうがいいぞ」と言っちゃうのだけれども。

名将に学ぶ「個別アプローチ」

帝京大学の岩出先生、トヨタの元ヘッドコーチだったジェイクや日本代表ヘッドコーチのジェイミー……僕が選手としても人間としても幸運だと思うのは、〝名将〟と呼ばれている人たちのコミュニケーションの取り方、伝え方を一番近くで学べたことだ。

そこで見たこと聞いたこと感じたことが、今、チームでリーダーという立場にいる僕の大きなバックボーンになっているからだ。

名将と呼ばれる人たちは、やはり例外なく、人をよく見ている。

そして選手1人1人を、よく理解している。

それぞれに合うように細かくアプローチの仕方を変えている。

例えばジェイクは僕に対して、めちゃくちゃにプレッシャーをかけてきた。もちろんわざと、だ。

ここまで何度も書いてきたが、僕は元々が自分勝手で感情のおもむくままに行動する性格。だから上手くいっている時ほど、ふわふわと浮かれてしまい調子に乗る。そういう時の僕には〝隙〟ができるということを、ジェイクは観察して知っていた。

ある時のことだ。

日本代表の活動を終えてトヨタに合流してすぐ、突然、ジェイクに呼ばれた。

「おいヒメ、ちょっとこっちに来い」

「え、なんだろう？　チームのことで話があるのかな？」

呼び出された理由の見当がつかないままジェイクのもとへ向かうと、彼は少し前のリーグ戦の話を始めた。

「お前、あの時の試合、ダメだったところがある」

「それがどこか、自分でわかっているのか？」

まったく思い当たるフシがなくて返事に困っている僕に、ジェイクは試合の映像を見せ始めた。それは試合中、双方のチームがプレーを巡ってエキサイトするシーンだった。

敵味方の選手が胸倉を掴み合っているところで、僕はキャプテンとして2人を引き離してその場を収めようとしていた。少し落ち着いたタイミングで、相手選手に「悪かったね」というような感じで笑顔で声をかけていた――と、ジェイクはそこを指差した。

「ここだ」

「ええ!?　ここですか!?」

キャプテンとしてエキサイトしてしまった状況を収めることの、どこが悪いのかわからない。むしろ、キャプテンとして当然の、正しい行動だったと思っていたくらいだ。驚いている僕にジェイクはこう続けた。

「グラウンドの中でこんな馴れ合いをするな！」

「こんな表情をする必要はない！　ノーサイドの後で十分だ！」

「グラウンドでやられたら、必ずやり返せ！」

きっとジェイクは、僕のその振る舞い自体を本気で問題視していたのではない。日本代表での試合で活躍して、いい気になって浮ついた気持ちで帰ってきたであろう僕を戒めたに違いないのだ。心を引き締めさせるために〝喝〟を入れたわけだ。

グラウンドに出ると、さらに叱咤が飛んだ。

「その程度で日本代表だって!?　全然いいプレーができていないじゃないか!?」

悔しかったが、それこそがジェイクの狙いだ。僕の人間性や性格を掴んだ上で、あえて厳しいアプローチをして、僕をさらに成長させようとしてくれているのが伝わってきた。真意が伝わるから、彼の物言いが頭にきたりすることもない。

「ちゃんと見て、わかっているんだな」

ジェイクは僕に対してだけでなく、他の選手にもそれぞれアプローチの方法を使い分けていた。そのどれもがピタリとハマっていて、観察眼の精度の高さに驚かされた。

監督やヘッドコーチという立場にいる指導者は、それだけ人を見抜く力がズバ抜けている。帝京大学ラグビー部監督だった岩出《いわで》雅之《まさゆき》先生も、学生1人1人の性格を理解しながら指導してくれていた。岩出先生も僕の自信過剰で調子に乗りやすい性格と、負けず嫌いの人間性はもちろんわかっていたので、「褒めるよりも凹ませたほうがいい」と考えたのだろう、4年間、僕は人一倍怒られた。

最近では、ヘッドコーチや監督が言っていることを「選手として聞く」だけではもったいない、と感じるようになりつつある。

コーチは何を見て、何を伝えようとしているのか。

どんな真意を選手に伝えようとしているのか。

指導者側の目線、指導者側の意図を考えながら聞くクセをつけているところだ。

それはキャプテンとして新しい学びになるのはもちろん、いずれ、僕が指導者の道に進むようなタイミングが来るようなことがあれば、きっと役に立ってくれるはずだ。

読書は経験の「答え合わせ」

社会人になってから、僕は本を読むようになった。

それまでは自慢ではないが、本なんてほとんど読んだことがなかった。中学、高校時代は、教科書すらまともに読んだ記憶がないくらいだ。

読むようになった理由は単純。キャプテンとして、チームメイトや報道陣の前で言葉で伝えなければいけない機会が増えたからだ。

「人前で喋ったり話をするからには、言葉を知っていたり、ちゃんとした言葉遣いができるようになっておかないとアカンな……」

それを最低限、身に着けておくべきだと思ったのだ。

たしか一番最初に読んだ本は、百田尚樹さんの小説『海賊と呼ばれた男』だった。そこから『影法師』『永遠の0』と立て続けに百田さんの作品を読んだ。本の面白さがわかった僕は、そこから小説だけでなく、ビジネス書や自己啓発書、歴史書にアスリートの本……と、気になった本を手当たり次第に読むようになっていった。

岩出先生の『常勝集団のプリンシプル』も、もちろん読んだ。つい最近読み終えたのは、今マネジメント界隈で話題の〝心理的安全性〟を解説したビジネス本、前にも登場した渋沢栄一の『論語と算盤』、そして新渡戸稲造の『武士道』だ。

本を読む効果は、僕の中では2つある。

まず1つは、「言葉を学べる」こと。

読み方もわからないような知らない言葉が出てきたら、その意味をすぐに調べる。最初のうちは、1ページ読むのにも調べる言葉や漢字が山ほど出てきて大変だったが、続けることで自分の中で覚えた言葉、使える言葉が増えていった。

その言葉に出会っているのといないのとでは、伝える力はもちろん、聞く力も大きく変わる。毎週教室に通っている英会話でもボキャブラリーは大事だと言われているし、コミュニケーション能力の基礎だ。

2つ目は、頭の中にあった考えを「言語化できる」ことだ。

今こうして自分で本を書いていてナンだが、どんなベストセラーも書かれている内容を読んでも、実はそれほど新しい発見や驚きはなかったりするものだ。

ラグビーを続けてきて、チームのリーダーという仕事を負う中で、これまでの人生で、すでに見聞きして経験したようなことが書かれている本が多かった。こういう言葉や理屈、概念は知らなかったけれど、知らないままに自然にそうやっていたという感覚。案外、誰もがそう感じているんじゃないだろうか。

本を読んでも意味がない、と言っているのではない。

「そうそう、あの時、こんなことを考えていたんだよな……」

「この本に書いてあることって、あの状況と同じだよな……」

「やっぱりオレの考え方で間違っていなかったんだな……」

文章を目で見て読むことで、自分の経験と照らし合わせることができるのだ。漠然としたままだった自分の中での経験則や感覚を、自分の代わりに「本に言語化してもらう」ことで、すっきりと整理できて、はっきりと理解できるようになる。

自分の考え方や言動が、正しかったのか間違っていたのかの「答え合わせ」だ。

さらに、一度言語化されれば、自分の言葉や考えを誰かに自信を持って伝えやすくもなる。

『論語と算盤』も、まさに答え合わせをしてくれた本だ。

社会人1年目でチームのキャプテンを任された時、チームメイトの誰も僕の話に耳を傾けてくれず、信頼もしてもらえず、苦しく孤独な日々を送った。

今振り返ると、あの時の僕は自分のできないこと――容量オーバーのことまでやろうとしていたのだ。「完璧な最強のリーダーになる」ことだけが正解だと、「リーダーとはそうでなければいけない」と思い込んでいた。

みんなに上手く話を伝えないといけない、コーチの視線でチームを俯瞰しないといけない。そうできる人間を演じようとした。できないことをできると演じようとしたから、苦しかったのだ。

だが、完璧は僕には無理だった。

いや。無理というよりも、そもそも不可能なのだと気づいた。

結局、完璧な人間なんて存在しない。完璧に見える人も本当は、見せないだけで必ずどこかは欠けているし、どんな人間も自分の容量の中でしか動けないし、その容量には限界がある。

だから自分のできることまでを、自分の全力で取り組むほうがいい。

渋沢栄一が『論語と算盤』の中で説いていたのが、この「カニ穴主義」という考え方だ。カニは自分の甲羅の大きさを知っていて、それにピッタリのサイズの巣穴しか掘らないという。自分の甲羅が小さいうちに大きな穴を掘っても意味がない、甲羅が大きくなったらそれに合わせて穴を大きくしていけばいい、とカニは知っているのだ。

つまりカニ穴主義とは、「カニのように、人間も自分の身の丈に合ったことから始めなさい」ということ。

そのためには、自分がどれくらいの大きさの甲羅なのかをまず知らないといけない。その大きさの中で、まずは精一杯できることをやる。やり続けるうちに、少しずつ甲羅も成長して大きくなっていく。穴を大きくするのは、その後で十分間に合う。

「これは、あの時のオレだ」

「……そうか、あれはカニ穴主義でいくべきだったんだな」

記憶の中に置いてあった経験が、本を読んだことで言語化、可視化され自分の中で納得できた瞬間だった。

いくつになっても「学び直す」

「言葉を知る」ことと同じように、物事の道理や世の中のことをもっと知らないといけない、とも考えるようにもなった。物事を「知らない」と「知っている」では、〝0〟と〝1〟だ。天地の差がある。

子どもの頃から机に向かうことだけは苦手で、何ひとつ満足に勉強してこなかった僕は、普通の人が当たり前に知っているようなことが〝0〟だったりする。

その〝0〟を少しでも〝1〟に変えられるように、「学び直し」をしたいと思ったのだ。「まずはせめて、自分の興味のあることから勉強してみよう」

社会人になってから、興味があることがたくさん増えてきて、自分なりに学んでいる。例えば政治や経済、投資などお金のこと、簿記の資格も取ろうと思い立って勉強している最中だ。

その中で、一番興味を持っているものは歴史だ。

これにはやはり、2019年に日本代表としてワールドカップを戦ったことが影響している。

代表になるまで、恥ずかしい話だが日本の歴史や『君が代』の歌詞の意味も知らなった。

その僕が、日本人、日本国民としての誇りを賭けて戦うということになって、改めて「日本とは」「日本人とは」と考えるようになった。

そのきっかけを作ってくれたのが、当時の代表チームのメンタルコーチ、〝デイブ〟デイビッド・ガルブレイスだ。メンタルコーチは選手が本来持っている強さを引き出すことが仕事。デイブは引き出す方法として、日本の歴史を上手く用いたのだ。

「自分の祖先を知ることが、自分の精神的な強さに繋がる」

「日本の歴史を知ることで、代表のジャージの価値を高めることができる」

デイブはそういう考えを持っていた。

そこで僕は祖母に電話をかけて、〝姫野〟という苗字のルーツを尋ねてみた。

祖母からは「ウチのご先祖様は〝忍者〟」という、嘘か本当か、何の根拠も無さそうな答えが返ってきただけで、正確なルーツはわからずじまいだったが、調べるうちに姫野という苗字は九州地方、それも大分県に多いらしい、ということははっきりした。

たったそれだけだが、自分のルーツを訪ねていくというのは、それだけでワクワクしたし、たしかに何だか誇らしかった。

並行して日本史の本も読んでみた。

勉強嫌いではあったのだが、社会――日本史だけは好きだった。鎌倉時代の〝尼将軍〟北条政子や、幕末に活躍した坂本龍馬のように新しい時代を作るリーダーシップにも憧れがあるが、やはり僕の心に一番響くのは、戦国時代以降の武士の生き方だ。

武士の道だ。

新渡戸稲造の『武士道』でも読んでいたが、恩義や忠義を貫き通す武士道はやはり素晴らしかったし、僕の価値観に合うなと感じた。

そして、そうやって歴史を学び直すうちに、

「日本という国には、これほどにも長く、深く、脈々と受け継がれてきたものがたくさんあったのか」

と、感動してしまった。ほんの少しだが日本史に触れたことで、日本代表を背負うことの本当の意味や価値、責任をようやく理解できた気がした。ワールドカップの試合前、『君が代』を聞いていると僕は凄く誇らしい気持ちになった。日本人の代表としてグラウンドに立てていること、日の丸を胸につけて戦えることに誇りと喜びを感じた。

ごく自然に涙が出た。頬をスーッと伝っていった。

そんなことは今までなかったが、新しい学びがもたらしてくれたのだ。

英語も学び直している真っ最中だ。

高校時代は〝過去形〟と〝過去完了形〟の区別も怪しかった僕が、今やほぼ毎週、英会話教室に通っている。通い出してから3年近くになるだろうか。

実は、2021年にハイランダーズに加入する前から英語は勉強していたのだけれど、現地で、さらに会話力を高める必要性を痛感したからだ

英語でのコミュニケーション能力は、僕だけでなく、これからの日本人選手全員に求められる能力になると思う。アウェーでテストマッチを戦ったり、海外チームに移籍する中で、英語でコミュニケーションをとるシーン、必要性は必ず出てくる。ましてチームのキャプテンであれば試合中、外国人レフリーや、あるいは外国人選手とやり合わなければならない。もちろん英語で、だ。

息抜きにやっているオンライン・ゲームも、英会話の勉強にひと役買っている。

僕はゲームが好きで、ここ最近は〝FPS（ファーストパーソン・シューター）〟と呼ばれるシューティングゲームにハマっている。チームの外国人選手と一緒にやることもあるのだが、そういう時、ゲーム内での会話やチャットは基本すべて英語。好きなことをし

ながらだと、早く自然に会話力がついていくのがわかる。

文法や時制を気にせず、「伝わればいい」というレベルのかなり〝ラフ〟な英語だけれど、トヨタにいるデュトイやティアーン・ファルコン、ウィリー・ルルー（当時）ら外国人選手とは、グラウンド内外でのコミュニケーションに不自由しなくなったし、彼らにジョークも言えるくらいにはなっている。

あれはたしか、2021年のスコットランド代表とのテストマッチでのことだ。

小競り合いを起こして興奮している相手選手を落ち着かせようと、「ルックアットミー！」としっかり英語でなだめていたつもりが、日本語で「オレを見ろ！」「オレの目を見ろ！」と連呼していたあの頃に比べれば、僕の英語もかなり進歩したんじゃないだろうか。

リーダーであることも「しっかりオフ」

1章で「心を保つためのオンとオフ」の話を書いた。

このオンとオフをしっかり作るということは、イチ選手としてというだけではなく、リーダーとしての役割の場合にも当てはまる話なのだ。

オーストラリア代表やスーパーラグビー・ワラターズでキャプテンを長く務めている世界的な名フランカー、マイケル・フーパー。彼は2020−2021シーズンにトヨタの一員としてプレーしていた元チームメイトだ。

数々のチームで、キャプテンとしてチームの先頭に立って引っ張ってきたマイケルには、長年守っているルールがあった。それは、

「私がキャプテンの役目をするのは木曜日まで」

「金曜日になったら、キャプテンであることを忘れる」

ラグビーチームは毎週末に試合がある。だから、彼は月曜日から木曜日までの練習ではチームのために、チームのことを考えて動く。そこまでの間に、チームやチームメイトに必要な準備をすべて終えてしまうというのだ。

そして試合直前の金曜日になったら、キャプテンとしての役目はもうしないし考えもしない。試合までのラスト1日は、選手としての自分の準備だけにフォーカスする。

そして試合になったら「15人の中でベストな選手であること」だけを考えて実行する、というのだ。

この役割や肩書の切り替え――オン・オフすることもとても大事だ。

メリハリを自分でつけていかないと、リーダーとしての役割を果たし続けることが難しくなることがある。

僕自身、2017年からトヨタでキャプテンを務めてきて、ここ2、3年間はそうした感情をずっと抱えていた。

シーズン前のトレーニングからキャプテンを続けていくと、パフォーマンスが続かないのだ。シーズン終盤になると、息切れして必ず落ちてしまう。

2023年現在のトヨタは比較的若いチーム。最年長の選手でも31歳、32歳で、29歳の僕もチームでは年齢もキャリアも上のほうになる。若くてリーダーの経験値が少ない選手が多いので、練習や若手を育てる場面でも、おのずとキャプテンの負担は大きくなる。

試合でも、自分ですべてをやろうとしてしまう。

「オレがどうにかしないと」

「自分のところで、なんとかしないと」

常にそう考えている自分がいる。そう思いがちになってしまう。

そうなると視野が狭まって、裏目に出ることも多くなっていく。ボールを持っても思うように相手のディフェンスを突破できなくなったり、ディフェンスでは、守るエリアがチームメイトと被ったりしてしまう。

空回りして思うようなプレーができない、試合が終われば、またチーム全体のことやメンバー1人1人のことまで考えなければいけない……このループがストレスを生んでいくのだ。

日本代表の場合には、いったん、そのリーダーの役割から離れることができる。

日本代表はトヨタに比べたらずっと〝大人〟な集団だ。代表クラスの選手はみんな、所属チームではキャプテンやリーダーを務めている。まとまりやすいし、相手に合わせることもできるのでチームとしてやりやすい。僕も自分のことだけ、ベストなプレーをすることだけ考えていればいい。自分にフォーカスできる時間が多くなる。

ある意味で楽なのだ。

そうなれば当然、メンタルもクリアになる。シンプルにプレーを、ラグビーを、楽しめる。

誤解を恐れずに言えば、日本代表戦よりもリーグ戦のほうが楽しめていない自分がいるのかもしれない。自分自身の感覚としても、日本代表戦とリーグ戦とではパフォーマンスに差があると感じているし、オールブラックスに立ち向かっている自分のほうが、イチ選手として全力を出せている感覚がある。それをこうして認めてしまうことは、誰よりも僕自身が悔しいのだけれど。

「それだけキツいなら、誰かに任せてキャプテンを投げ出したらいいじゃないか」

そういう声も聞こえてきそうだが、僕はキャプテンという役割、仕事が好きなのだ。僕に求められていることがリーダーであるのなら、100%取り組みたい。チームのリーダーは、それだけ魅力のある仕事だという考えは動かない。

日本代表での感覚やパフォーマンスを、チームに戻った時にどう保つのか。

選手として、リーダーとして、そのバランスをどうとるのか。

常にベストな選手でいるには、どうすべきなのか。

1つの課題をクリアすると、また次の課題がやってくるし、それは尽きることがない。

最高のリーダーは「不完全」

高校で、大学で、日本代表で僕はこれまでたくさんの素晴らしいリーダーに出会ってきた。大学時代の一学年上の先輩で現在、日本代表キャプテンを務めている坂手淳史《さかてあつし》も素晴らしいリーダーだ。

その中で「一番好きなリーダー」を挙げるとしたら、迷わずリーチだ。

リーチマイケルは、それだけめちゃくちゃ良いリーダーだ。

彼の背中で語るキャプテンシーと試合で見せる献身性、抜群の運動量、不屈のメンタリティーを見れば、リーチが素晴らしいリーダーだということに誰も異論はないだろう。単に好きなだけでなく、本当に一番尊敬しているリーダーであり、選手であるかもしれない。もちろんそれらはリーチを好きな理由の1つではあるけれど､僕にとっての〝一番の理由〟はそれではない。

それは彼の「不完全さ」だ。

リーチは不完全なリーダーだから、できないことを隠さないリーダーだから、良い。

これを書いてしまうと「ヒメ、勘弁してくれよ」とリーチに怒られてしまうかもしれないが、書いてしまおう。

リーチはグラウンドの中では常に完全完璧なパフォーマンスをするのだけれど、ひとたびラグビーを離れると、まぁまぁ「ダメな人」なのだ。

とにかくおっちょこちょいで、言葉をよく間違えたりする。

お酒の誘惑に負けがちで、すぐ飲みに行ってしまう。

何かの返事を溜めがちで、LINEの返信もとにかく遅い。

僕もよく「返事が遅い」とマネージャーや友人から言われるのだが、リーチに比べたらかわいいものだ。彼の場合、「返事が3日後」は通常営業で、1週間返ってこないことも珍しくない。もちろん忙しいのはわかるが、あの遅さは、忙しいという理由だけで片づけられるレベルではない。

そして、約束を守らない。〝ドタキャン〟の常習犯だ。

サンウルブズで南アフリカの海沿いの街・ダーバンに遠征した時のことだ。オフの日に、何人かで「〝シャーク・ウォッチング〟に行こう」という話になった。

僕は子どもの頃から、強くてカッコ良いサメが大好きなのだが、ダーバンの海には大型のサメが集まるスポットがあるという話だった。ホテルのマリーナからボートで少し沖へ出るだけで、海の中を泳ぐデカいサメを間近で見られる、というのだ。その話をすると、リーチが乗ってきた。

「わかる。サメ、いいよな」

「ヒメ、オレもサメ見たい」

「オフに見に行こうぜ」

リーチがそう言い出して、他の選手何人かにも声をかけて一緒に予約して行くことになった。

ところが、だ。

いよいよ明日はシャーク・ウォッチングというタイミングで、ある事実が判明した。

ダイビングスーツを着て海中に入ってサメを見るのだが、その観察方式というのが、海中でボートから下ろされた棒につかまって、周囲を泳ぎ回っているサメを眺める、という〝直〟方式だったのだ。僕たち全員、てっきり金属製の頑丈なケージか何かの中に入って〝万が一の時も、完全に絶対に安全な状態で見る〟のだと思っていた。

僕たちは少し、動揺した。

「なんかケージみないなものは、ないらしいよ?」

「〝人を襲うことはない大人しいサメだから大丈夫〟って言ってるけど……」

とはいえ、ここまで来たらやはりサメは見たい。

シャーク・ウォッチング当日の朝――指定された集合場所に全員集まったのだが、参加者が1人足りない。

リーチがいない。

しばらく待っていたが一向に姿を現さない。「寝てるのかな……?」と、携帯電話を何度も鳴らしてみたが出ない。

とうとうリーチは、来なかった。仕方なく、集まったメンバーだけで沖へ向かうことに。

結局、無事にシャーク・ウォッチングを楽しんでホテルに戻ると、リーチは何事もなかったかのような顔で普通にくつろいでいた。「リーチ! 何で来なかったんだよ? マリーナで待ってたんだぜ?」と尋ねると、リーチは頭を掻いた。

「ヒメ、ゴメン。ちょっと行きたくなかった」

「……ちょっとビビった」

ケージがないことが怖いからといって、無断でドタキャンする大人がいるだろうか。

だが、そんな大人げない不完全さこそ、完璧じゃないところこそがリーチの良さなのだ。

普段はメンタルもパフォーマンスも完璧な完全無欠のリーダーが、カッコ悪いところ＝弱さもさらけ出せる。リーチは、弱いことカッコ悪いことがダメだと思っていないからそうできる。

それは、彼の人間的な芯の強さでもある。

隠したり繕ったり、できるように見せかけたりせず、「できないものは、できない」と素直に言える芯の強さがあるのだ。

だからリーチのことを、みんなが「助けたい」と思う。

ラグビーとなればチームのためにどんな時も力を尽くす人間、自分の弱さを隠さない人間だからこそ、彼ができない部分は、「助けたい」「オレもこの人の力にならないと」と、チームメイトの誰もがリーチと一緒に頑張れる。

そうやって自然と、リーチを中心にチームが1つになっていく。

そういうリーダーだからこそ、人がついていく。

そもそもラグビーは、15人で補い合い、助け合うスポーツだ。

体が大きくて頑丈だけれど足が遅い選手、大きな相手には吹っ飛ばされてしまうけれど快足ステップが武器の選手、パスやキックは下手だけれど誰よりも勇敢でタックルが強い選手……15人の特性や得意なこと苦手なことが重なり合って、1つのチームになる。

みんながみんな、全員が、オールマイティーや完璧を目指さなくていい。

不完全で未熟な僕も、リーチのようなリーダーでありたいし、そうなりたいと思っている。

5章 人は誰でも「一流」になれる

少年はアパートの階段で「月を見上げていた」

２０１９年１月、あるツイートが目に留まった。

それはプロ・サッカー選手、エンゴロ・カンテについてのちょっとしたコメントだった。イングランド・プレミアリーグでは所属チームをリーグ優勝、ＵＥＦＡチャンピオンズリーグ優勝、クラブワールドカップ制覇に導き、２０１８年のワールドカップではフランス代表として世界一にも輝いた。名実ともに〝世界Ｎｏ．１プレーヤー〟になった、そのカンテの活躍ぶりに対して、こうつぶやかれていた。

《10年前、木材を運んでいた少年が10年後に世界の頂点に立つなんて。人生何が起こるか分からない》

カンテは、パリの貧しい家庭で生まれ育った。幼い時に父を失った彼は、このツイートに書かれているように子どもの頃から材木を運ぶ手伝いをしたり、ゴミ拾いをして家計を支えていたという。

それを変えたのがサッカーだ。

１９９８年にフランスで開催されたサッカー・ワールドカップを見て、サッカー選手を志すようになった彼は、仕事の合間に努力を重ねて成功を掴んだ。

言ってみれば、めちゃくちゃハングリーな選手だ。20億円もの年俸をもらうようになった現在でも、手に入れたお金や名声に浮かれることなく、彼は愛車である一般的な〝ミニ・クーパー〟に乗って練習場に通っているという。

僕は、このカンテが以前から好きだった。それには理由がある。


僕も貧乏だった。

日々の生活に困窮するくらいに、貧しかった。


僕は愛知県名古屋市内で生まれ育った。

家族は、日本人の父とフィリピン人の母、姉と妹、そして僕の5人。最寄り駅から徒歩20分の古い木造アパート、2階の一室が僕らの家だった。

お世辞にもキレイとは言えない。ペンキが剝げ落ち赤サビだらけの外階段を上がって、玄関を入ると右手に小さな台所、左手にトイレとお風呂があった。奥には縦に6畳間が2つ。玄関から見ると箱が3つ並んでいるような間取りになっている。夜寝る時は、手前の部屋に子ども3人、奥の部屋に両親が並ぶようにして寝た。

5人暮らしだから、小さな家の中は物が溢れて散らかり放題。僕の大嫌いなゴキブリもめちゃくちゃ出る。僕はその部屋に、高校卒業まで暮らしていた。

名古屋市内の下町エリアなので、地元の小学校、中学校の同級生には裕福な家はそれほどなかったけれど、その中でも僕の家は断トツで貧しかった。子ども心に、「ウチは貧乏だ」とわかっていた。

それくらい、家にはいつもお金が無かった。

親が仕事をしていなかったわけではない。父は近所の鉄工所で働いていた。

今でもめちゃくちゃ覚えているのは給料日の光景。毎月給料日になると、給料袋の封筒を持って帰ってくる父の姿だ。銀行振り込みではなく、〝手渡し〟の給料を手に帰ってくると、父はその封筒から1万円札を数枚出して、母に生活費を渡していた。

そして、その日を境に、父も母も必ず家から居なくなった。そのお金を持ってパチンコに行くのだ。

給料日直後のお金に余裕がある時は、朝から晩までずっとパチンコで帰って来ない。そういう時、学校から帰ってくるとテーブルの上にはいつも千円札が置かれていた。「これで夕飯を食べなさい」という意味だ。その千円札を持って近所のコンビニに行き、おにぎりを3つと〝唐揚げ棒〟を買う、というのが僕のお気に入りのセットだった。

毎月毎月、パチンコであっという間にお金を使い切ってしまっていたのだろう。給食費もまともに払えなかった。僕は毎月必ず、先生から給食費を催促された職員室に呼び出されて言われるならまだマシなほうで、教室で、クラスメイト全員の前で言われたことも何度もある。子どもといえど、さすがにしんどかった。

家に帰れば、両親はお金のことでしょっちゅう夫婦喧嘩をしていた。母はいつも切羽詰まっていて、ちょっとしたことですぐヒステリーを起こした。

こんなこともあった。出掛けてしまって家に居ない母の代わりに、僕がお米を炊こうとした時のことだ。お米を研いで、炊飯器にセットしてスイッチを入れたのだが、でき上がりの時間に炊飯器のフタを開けてみると、まったく炊けていない。炊飯器が壊れていたのだ。貴重なお米が中途半端にふやかされてしまった状態で、大失敗していた。

帰宅した母はめちゃくちゃに怒った。お米くらいで……と思うのだが余裕が無かったのかもしれない。

「もうフィリピンに帰る!!」

出て行こうとする母を、僕たち兄妹で必死に引き止めた。

そういう家だから、流行りのおもちゃやゲームなんて買って貰えるはずがない。友達と遊ぶと言ったら近所の神社の境内か、公園で野球やサッカーをするか、駄菓子屋に集まってベーゴマやメンコ、けん玉をするのがお決まりだった。昭和ではない。平成の世の中に、だ。

ちょうどその頃、強化パーツでカスタムしたコマ同士を戦わせる『ベイブレード』や『ポケモンカード』『遊戯王カード』といったカードゲームが流行っていたが、僕はひたすらベーゴマとメンコの日々だ。

友達はお小遣いを貰っていたから、駄菓子屋でお菓子やミニサイズのカップ麺『ブタメン』を買って食べていたが、僕はもちろんお小遣いなんてない。

だから、よくそのベーゴマやけん玉で〝稼いで〟いた。

その駄菓子屋のおばちゃんがとてもユニークで良い人で、「お金のない子どもも、仲良くみんなで楽しめるように」と、独自の〝チャレンジゲーム〟を店先でやらせてくれたのだ。おばちゃんの出す〝課題〟――「けん玉で大技を成功させる」「1発でベーゴマを小さなバケツの上で回す」とかをクリアすると、店内のお菓子と交換できる10円券や50円券が貰えるのだ。今思えば50円券1枚でも、駄菓子屋の儲けなんて、きっと全部吹っ飛んでしまっていただろう。それどころか赤字だったかもしれない。でもおばちゃんは嫌な顔ひとつせず、僕たちを遊ばせてくれた。

貧乏だということは、僕にはどうしようもないことだったけれど、それでも、やはり恥ずかしかった。

家に友達を呼ぶなんて、一度もした記憶がない。

そもそも狭くてモノがいっぱいで汚いので、家の中で遊んだりくつろいだりする場所なんてなかったけれど、「ここが姫野んチか」と友達に知られるのすら、恥ずかしくて嫌だった。同級生に家を知られたくなくて、わざわざ遠回りして家に帰ったこともある。

だから、家にも居たくなかった。

なるべく居る時間を減らしたかった。

僕にとって家は、くつろいだり家族団らんする場所ではなくて、ただ寝に帰るだけの場所だった。

門限がないのをいいことに、夜8時、9時……時には10時過ぎまで、ずっと外で遊ぶ毎日だった。友達もよく一緒に付き合ってくれたが、毎晩毎晩というわけにはさすがにいかない。それに春や夏はいいけれど、冬は暗くなるのも早く、とにかく寒い。

そういう時は、夕方からずっと1人だった。

公園の遊具やアパートの階段に腰掛けて、夕日が街の向こうに沈み、入れ代わりに月が上っていくのをずっと見ていた。

いつも1人で、ずっと月を眺めていた。

太陽や月は、大げさではなく本当に僕の友達だった。

「大人になって、もし自分の子どもができたら……」

「オレみたいな、こういう思いは絶対にさせたくない」

月を眺めながら、そんなことを考えていた。

両親のことを憎んだり嫌ったりしていたわけではない。3人の子どもを、大変な思いをしながら何だかんだちゃんと食べさせてくれて、育ててくれていたわけだから。

ただ、1人になると、恥ずかしくて、悲しくて、しんどかったのだ。

そして同時に、強く心に誓っていた。

「絶対にラグビーで這い上がってやる」

「大きくなったら絶対に凄い選手になってやる……！」

たくさんお金を稼いでお金持ちになってやろう、というのではない。僕が子どもだった当時、ラグビーはまだまだアマチュアのスポーツ、マイナーなスポーツだったから大金が稼げる世界ではなかった。ただただ、安定した生活を夢見ていただけだ。一軒家や自分の部屋にも憧れがあった。暖かくて掃除が行き届いた部屋で、家族みんなで笑いながらくつろげる——そういう普通の生活が憧れだった。

「ラグビーを頑張れば、大きな会社に入って普通に暮らせる」

そうなるための、僕の唯一の〝希望の光〟がラグビーだったし、その光の先にあるのが、トヨタというチームだった。

だから、僕は今でも月が好きだ。

満月の夜は、自宅マンションのベランダに出て、20分、30分……と、ただただずっと月を眺める。冬でもダウンジャケットをわざわざ着込んで外に出て、月を見る。

眺めながら、今もやっぱり考える。

「あの頃の夢は叶えたのかな……」

「いや。オレ、まだまだだよな……」

「もっとやらないと、考えないとな……」

30分もそうやっていると、不思議なことに気持ちが落ち着いてくる。

「……よし、頑張ろう！」

また前向きになれるのだ。

子どもの頃も今も、僕は月からエナジーを貰っているのかもしれない。

負けん気を「突破力」に変える

僕の〝希望の光〟でもあったラグビーに出会ったのは、中学生の時。

通っていた地元の名古屋市立御田《みた》中学校に、たまたまラグビー部があったのだ。ラグビーに出会うまで、僕は色々なスポーツをやっていた。元々運動神経は良かったし毎日外を走り回っていたから、どんなスポーツでも人並以上にできた。

小学生の時には、地元の野球チームやサッカーのクラブチームに体験入部したこともあった。だが野球は、バットやグローブなどの用具を一式買い揃えるのにお金がかかる。サッカーもクラブチームの月謝が払えないので、どちらも体験までで続けることは諦めるしかなかった。

体験入部期間が終わって「辞めます」とサッカーのクラブチームに伝えると、コーチがわざわざ家にまでやってきて引き留めてくれた。

「姫野君、このままサッカーを続けたら絶対に日本代表のキーパーになれるから、なんとかして続けてもらえないか」

そういうこともあって、最初は中学に入ったらサッカー部に入部しようと思っていた。野球部も興味はあったが、やはり用具代がかかり過ぎるのと、坊主頭にしなければいけなかったのでパス。

「やっぱりサッカーかな……」

そんなタイミングでラグビー部に誘われた。

中学入学時点で僕の身長は170センチ。それが顧問の松浦先生の目に留まったのだろう、松浦先生が「やってみないか」と誘ってくれた。

「ちょっと覗いてみてつまらなかったら、サッカー部にしよう」くらいの軽い気持ちで仮入部してみたのだが、もう一発でハマってしまった。

最高だった。

めちゃくちゃ楽しかった。

周りに比べて体も大きくて足も速かった僕は、仮入部でも無敵状態。サッカーでは相手に接触するとすぐにファールをとられてしまうが、ラグビーで相手を吹っ飛ばしたら、反則をとられるどころか逆に褒められる。持て余していた力を、遠慮なく思い切りぶつけることができた。用具もスパイクとヘッドギア、練習用のラグビージャージが1着だけあればいい。野球に比べれば、お金もかからない。

「オレの能力を生かせるのはラグビーだ……!」

僕は、その日のうちに入部を決めた。

練習用ジャージは、すぐに破れてしまうのだが、我が家はそうそう買い換えられない。スパイクどころか運動靴もボロボロで、破けたつま先から親指が見えていたくらいだ。それでもラグビーができれば、そんなことは何でもなかった。

とにかくラグビーが楽しかったし、ラグビーをしている時は嫌なことも忘れられた。そしてラグビーに出会ってから、僕は、目の前が急に開けだした気がした。

だから、どんなに練習がキツくても「自分が損をするだけだ」と、本当に一度も手を抜かなかった。入学したばかりの頃は、上級生の中にはさすがに強い選手もいて勝てないこともあったが、負けん気だけで食らいついた。

「負けたくない……！」

「死んでもこの足は離さない……！」

昼休みにもボールを持ち出して自主練し、放課後になれば、誰よりも早くグラウンドに出て、誰よりも遅くまで居残ってボールが見えなくなるまで練習した。

そんな毎日を送っていると、僕はめきめきと力をつけていった。

体もさらに大きくなった。中学3年になる頃には、身長が今と同じ187センチにまで伸びていた。

そうなると、僕を1人で止められる選手はほとんどいなかった。

最後方でボールを受け取って、相手チーム全員を吹っ飛ばして〝15人抜き〟トライを取った試合もあった。胸を借りるつもりで高校生相手に練習試合をした時には、ぶつかった相手選手の腰骨を折ってしまったこともあった。

腕相撲で、先生の腕を折ってしまったのもこの頃だった。

中学校には空手有段者で腕っぷし自慢の先生がいて、休み時間になると僕らとよく腕相撲をしてくれた。噂通りその先生の腕相撲はめちゃくちゃに強く、僕が何度挑戦しても勝てなかった。それが悔しくて、2年間かけて必死に腕立て伏せでトレーニングを積み、諦めず再戦を申し込み続けた。

中学3年になったある日。僕はいつものように、その先生に勝負を申し込んだ。

「レディー……ゴー！」

クラスメイトの掛け声とともに、僕も先生も机を挟んでフルパワーでぶつかった。力は互角。どこまで我慢比べが続くのか、と周りにいた誰もが思った時だった。

「……バキッッ!!」

突然、教室中に凄い音が響き渡った。と、同時に先生の右腕がグニャリと曲がってしまった。周りにいた全員がパニックになって大騒ぎになる中、先生はそのまま病院へ――。

翌日、痛々しいギプス姿で現れた先生はこう言って笑った。

「ケガをしたのがお前じゃなくて良かったよ」

「大切なこと」はすべてラグビーから教わった

こんな調子だったので、松浦先生からは、とうとうこんな指令が出てしまった。

「姫野、抑えろ！」

「お前は練習では本気を出すな！」

タックル練習やモール・ラック練習といったコンタクトプレーの練習では、僕だけは全力で相手にぶつかってはならないという、まさかの〝本気禁止令〟だった。

「お前が練習で本気を出してしまうと、チームメイトがケガをしてしまう」

「本気を出していいのは試合の時だけだ」

当然僕は納得がいかなかった。ある時、とうとうフラストレーションが爆発して、松浦先生に食ってかかった。

「なんでオレだけ本気でやったらアカンねん⁉」

「顧問の言うことを聞けない選手はラグビーをやる資格はない。もう帰っていいぞ」

「なんだと、このクソボケが！」

僕は捨てゼリフを吐いて、そのまま練習の途中でグラウンドを出て行った。

翌日、すぐに職員室に謝りには行ったものの、心の中ではずっと「このクソボケが」と悪態をついていた。それくらい未熟で、見境なく感情だけで動いているどうしようもないクソガキだった。


だが、〝悪いこと〟だけはしなかった。

中学ともなれば急にグレだす同級生もいた。僕の周りにも不良はたくさんいたけれど、彼らとツルんでケンカをしたり、お店で万引きしたり自転車を盗んだりすることは一度もなかった。

僕にはラグビーがあったからだ。

ラグビーをやりたかったからだ。

松浦先生からは3年間、この言葉で諭され続けた。

「お前の課題は心だ。心の幼さだ」

「心を鍛えて、常に一流であれ」

2章でも触れたが、当時の僕には松浦先生の言葉を素直に聞く力もなかったし、その言葉の意味もわからなかった。

「わけわかんねぇことばっかり言いやがって……」

ただ、わからないなりに、僕はこの言葉の大切さを感じ取っていたのかもしれない。一流になるというのは、単に大きな相手を吹っ飛ばせる選手や、トライを量産できる選手になれ、ということではないということは、ぼんやりとわかっていたような気もする。

「〝一流〟ってどういうことだよ……」

「どうやったら〝一流〟になれるんだよ……」

ここから、ラグビーが僕の〝育ての親〟になっていった。

恨むことは「逃げること」

ラグビーをしていても、やはりお金の苦労はついて回った。

活躍が認められて、愛知県選抜のフォワード候補選手に選ばれた時のことだ。その連絡が中学に届いたのだが、僕は断った。

選抜チームが参加する大会への、遠征費用が払えなかったのだ。

遠征費用はたしか4万円ほどだったが、我が家にとって4万円は大金だった。

「そんなん、払えるわけないわ……」

親には言わなかった。自分の判断で「辞退しよう」と決めると、松浦先生のところに行って、「セレクションを辞退したい」と伝えた。セレクションとは、候補選手を一堂に集めて行う合同練習会のことだ。ここで合格すると、晴れて正式な県選抜メンバー入りとなって、他の都道府県の選抜チームと試合をする。セレクションに参加しなければ、選ばれてしまうこともない。選ばれなければ、4万円の心配をする必要もない、と考えたのだ。

だが、本当のことは言えなかった。

「お金が無くて行けません」とは、恥ずかしくて松浦先生には口が裂けても言えなかった。

だから僕は嘘をついた。

「先生、オレ、県選抜の監督が好きじゃないんでセレクション行かないです」

当然、松浦先生からはこっぴどく怒られた。

「そんな理由で県選抜に行かないヤツがあるか！」

結局、セレクションだけはどうしても参加しなければならなくなったのだが、本職のフォワードで参加してしまえば間違いなく合格してしまう。どうしても合格するわけにはいかなかった僕は、参加の条件を出した。

「じゃあ、バックスとしてセレクションを受けさせてください」

あまりにも無理矢理だ。だが、その無理矢理を押し通して、僕は本当にバックスの選手として参加した。

当日、当時の県選抜の監督は、センターのポジションに入る僕を見て驚き呆れていた。

「お前……いいのか？　そのままやったら落ちるぞ」

「はい！　そのつもりでやってます！」

こんな生意気で不誠実な選手が受かるわけがない。

希望通り、僕はメンバー入りはしなかった。なぜ本来のポジションで出なかったのか不思議がるチームメイトには、強がりを言った。

「オレ、県選抜とか正直興味ないから」

だが、やはりどこかで「お金さえあれば」という悔しさ、寂しさがあった。いつも、しなくていい心配や、抱えなくてもいい不安がつきまとっていて逃れられなかった。

子ども時代の事情を知っている人からは、こう言われることもある。

「よく、親のせいにしたり誰かのせいにして、グレたりしなかったね……」

「楽なほうに逃げたりしなくて、子どもの頃から強かったんだね……」

誰かを恨んだり親のせいにしたり、という考えや感情は湧いてこなかった。

ただ、本気で現実から逃げ出そうとしたことは、一度だけある。


この生活がしんどくて苦しくて、「死のう」としたことがある。


「死にたいな……」

「死んだほうが、きっと楽だよな……」

台所から包丁を持ってきて、両手で自分の喉に突き立てようとした。あと数ミリで鋭い刃先が刺さる、喉の皮膚のすぐそばまで近づいてくる――あの時の何とも言えない感覚を今もはっきり覚えている。

そこで踏みとどまることができたのは、友達の顔が浮かんだからだ。

友達との楽しかった時間がいくつも思い浮かんだ。

周りにいるのが悪い友達や悪い人間だったら、弱い僕は一緒になって楽なほうに逃げていただろう。

だから、今こうして子どもの頃のことを振り返ると、不思議と頭に浮かぶのは苦しいことだけではなくて、楽しかったこともそれと同じくらいたくさん思い出すのだ。

寒さに震えながら、夜遅くまで友達と公園でくだらない話で大笑いしたこと。

友達が半分分けてくれたホカホカの肉まんの美味しさ。

みんなで少しずつお金を出し合って食べたカップ麺の美味しさ。

お金に不自由しなくなった今でも、あの肉まんより価値のある食べ物はないし、みんなで「うめぇな」と言いながら啜《すす》ったあのカップ麺よりも美味いものに、僕は出会ったことがない。きっと、これからも出会うことはないだろう。

友達から楽しさと優しさ、暖かさを貰っていたから、そうしてくれる友達がいたから、僕は逃げずに済んだ。

苦しかったけど楽しかった。楽しかったけど苦しかった。

そんな子どもの頃に戻りたい――時々、ふと、そう思う。

「人に恵まれた」から逃げなかった

友達だけではない。周りにいてくれた大人――指導者にも本当に恵まれていたと思う。松浦先生にはグラウンドの外でも、お世話になりっぱなしだった。

中学3年生になって進学先を考え始めた僕は、もちろんラグビーに力を入れている高校に進みたいと考えた。

当時、愛知県内では最強で全国大会〝花園〟の常連だったのは、名古屋市立西陵商業高校（現・西陵高校）。1996年には花園を制覇したこともある全国的にも有名な高校だった。実際、西陵商業からも「ウチに来ないか」と声がかかって、ラグビー部の練習や試合を見学に行ったりもした。

もう1校、僕を熱心に誘ってくれたのが春日丘《はるひがおか》高校（現・中部大学春日丘高校）だった。春日丘高校も県内有数の強豪校だったのだが、いつも県大会ではベスト4や準優勝止まりで、花園には一度も出場したことがなかった。

だが「花園に行けそうだけれど、行けない」というその部分が、僕にはとても魅力的に思えた。強いチームに行くことは、なんだかカッコ悪いように思えたし、自分の力でチームを花園に導けるかもしれないと思った。

何より決め手だったのは、春日丘のラグビーは単純に見ていて面白かったのだ。

ハイパントやロングキックを多用しながらフォワード戦を仕掛けていく、高校ラグビーのオーソドックスなスタイル〝キック＆ゴー〟ではなく、春日丘はグラウンドを広く使ってボールを展開して空いたスペースにどんどんアタックしていく、というチャレンジングなスタイルだった。

「春日丘、面白いなぁ……」

「オレ、春日丘へ行きたい！」

しかし春日丘高校は私立の学校だ。進学するとなれば、公立高校よりもずっと学費がかかる。我が家には到底払えないだろう。となると、残された道は1つしかない。学費を減免してもらえる推薦で合格する以外に道はなかった。

だが、僕はまったく勉強ができなかった。

できなかったという以前に、小学生の頃からまともに机に向かってこなかった。中学生当時ですら、30分も椅子に座っていられないくらいに勉強嫌いだった。

推薦で春日丘高校に進もうにも、入学試験うんぬんの前に、そもそも圧倒的致命的に内申点が足りていなかった。「行きたい」と口にできるレベルですらなかったのだ。

「姫野、どうしても行きたいんやったら、本気で勉強やらなアカンで」

松浦先生はじめ、中学校の先生たちが心配してくれた。「どうしても春日丘に行きたい」と、僕は猛勉強を始めた。

「姫野！　まずは最低限、授業で寝たらアカンで」

「姫野！　宿題はちゃんとやってこないとアカンで」

めちゃくちゃ低いレベルからのスタートだったが、とにかく全力で先生との約束を守った。

「とりあえず、まずテストで30点取ることを目標にしよう」

「小テストは絶対に頑張ろう」

とにかく先生たちから出された課題をひたすらにクリアし続け、自分のできる勉強をし続けた。先生たちも最後まで、僕を見放さずに応援してくれた。

結果、本当になんとかギリギリで、春日丘高校に滑り込むことができた。

進学先の春日丘高校のラグビー部監督・宮地《みやち》真《まこと》先生にもお世話になった。

宮地先生は春日丘高校の国語科の先生で、元々は、ラグビー経験どころかラグビーボールに触ったこともない、というラグビーに関してはド素人だった。

だが、学校の都合でラグビー部の顧問になった宮地先生は独学でラグビーを学び、超弱小だったチームを県内有数の強豪校に育て上げた。自宅が遠方で通えない生徒のため、自宅を学生寮に改築してしまうくらい熱心な先生だ。熱い先生ゆえに、ラグビー部員にはグラウンドの中はもちろん、学校の授業や日々の勉強でも手を抜くことを許さなかった。

そんな宮地先生が、僕をスルーしてくれるわけがない。

入学早々、定期テストで〝赤点〟を連発する僕を見かねた宮地先生は、テストの前になると〝特訓〟をしてくれた。

「姫野、お前ちょっとオレの家に来い」

テスト期間中、先生の学生寮兼自宅に泊まり込んでは、夜遅くまで、時には明け方まで勉強を教えて貰った。

お金の面でも、いつも僕を気にかけてくれていた。我が家にお金がないことを宮地先生は知っていたのだ。

ラグビー部の夏合宿の費用がどうしても払えなかった時には、僕は参加しないつもりで諦めていたのだが、宮地先生が僕の合宿費を立て替えて払ってくれた。もちろん宮地先生のポケットマネーで、だ。「姫野、そんなことに負けるなよ」という、宮地先生からのメッセージだと僕は感じた。

有難かったけれど、凄く申し訳なかった。

申し訳なかったけれど、凄く本当に嬉しかった。

僕にできる宮地先生への恩返しは、ラグビーしかない。

中学時代以上に、僕はラグビーに打ち込んだ。

春日丘よりも強い高校はいくつもあったし、僕より強い選手は、高校レベル、それも全国レベルになればゴロゴロいた。子どもの頃からの負けん気が僕を動かしていた。

「もっと強くなりたい……！」

「もっと上手くなりたい……！」

2010年、僕が高校1年生の時、春日丘は初めて花園への切符を手に入れた。翌2011年も県大会を勝ち抜き、2年連続で花園出場を果たすことができた。宮地先生の恩を、ほんの少しだけ返すことができたのかもしれない。

苦しい中でも僕が楽なほうに逃げなかったのは、強かったからではない。

友達や仲間、指導してくれる先生がいつも近くにいてくれたから、弱い僕でも何とか逃げ出さずに済んだ。前を向いて進むことができた。

ただそれだけのことだ。

良い人間がたまたま近くにたくさんいてくれて、出会えたことが何よりも大きかった。その人たちがみんなで、僕を正しい方向に引っ張ってくれたことが何よりも大きかった。

落ちているゴミを「なぜ、拾うのか」

多くの先生方、指導者に導いて貰ったが、僕にとって一番の出会いを挙げるとするならば、帝京大学ラグビー部監督（当時）の岩出先生だろう。

岩出先生との4年間が、僕という人間の基礎を形作ってくれた。

入部当初から、とにかく岩出先生には怒られた。およそ40人いる同期の中で、僕が断トツ一番怒られたんじゃないだろうか、というくらい、選手として人間として未熟さを指摘され続けた。岩出先生は、心の未熟さが僕の〝弱さ〟だとすぐに見抜いていたのだ。

岩出先生は怒る時も、常に僕をしっかり見てアプローチしてくれる。

そして直接答えを教えてくれるのではなく、いつも必ずヒントだけを与えるようにしてくれた。そうやって、僕に考えさせようとしてくれていた。

自分で考えて、気づいて、答えを出すことで、それに納得できるように。

岩出先生から指摘されたことで、よく覚えているのは〝ゴミ〟だ。

「姫野、なんで落ちているそのゴミ、拾わないの？」

グラウンドの周りで、あるいはトレーニングルームで、あるいは寮で、何度そう尋ねられたかわからない。

もちろん自分たちが使うモノや場所は、きれいであることに超したことはないし、一般的な考えとして、ゴミが目に付いたなら拾うほうが〝良い行い〟だろう。

だが普通に考えて、落ちているゴミを拾おうが拾うまいが、それはラグビーとは関係ない。落ちていた紙くずを拾ったからといって、それで急激にパスが上手くなったりタックルが強くなったりするわけではない。

高校を出たばかりの僕には、そう思えて仕方がなかった。

そもそも正直面倒くさいし、拾えば手も汚れるから気が進まない。当然、大学に入るまで、僕はゴミなんか拾ったこともなかった。〝監督に言われるから拾う〟僕に、岩出先生は「なぜゴミを拾うことが大事なのか」というところからアプローチをしてくれた。

「ゴミを拾えない人間は、〝そこにゴミが落ちている〟と気づけない人間だ」

「そんな視野しかない選手が上手くなるわけがない」

「そんな気の利かないヤツの目の前に、ボールは絶対に転がってこない」

普段から視野が狭いのだから、グラウンドの中や試合中なんて、さらにもっと視野が狭くなる。そんな選手がチームメイトや相手の動き、変化に目配りも気配りもできるはずがない。動かずじっとしてるだけのゴミにすらアンテナが働かないようでは、試合中、チームのピンチやチャンスを察知して、自ら先んじて動くこともできない。
ゴミを拾うという、一見ラグビーとは無関係で単純な行為だけれど、そこには学びがあって得るものがある。岩出先生はそれを伝えてくれていたのだ。
ゴミを拾うということに意味や価値を見出せなければ、誰も本気で拾えない。ゴミ拾いだけではない。人は誰でも、どんなことでも、納得できなければ動くことはできない。

やらされたのでは、成長できない。

だからこそ岩出先生は、ゴミを拾うことに僕が意味や価値を見出して納得して自分から行動できるようになるまで、「なぜ」「どうして」からヒントを与え続けてくれた。

人を羨む前に「すべきことをやる」

岩出先生との出会いもそうだが、帝京大学ラグビー部に進んだこと自体、僕にとっては幸運だったと思う。

帝京大学ラグビー部は1年生から4年生まで150人近い部員がいる、という1つの大きな組織だ。

僕が入部した当時、大学ラグビー界はその大組織の独壇場だった。2009年度に大学選手権で初優勝して大学日本一に輝くと、僕が入部する前年の2012年度には史上初の選手権4連覇を達成していた（最終的には2017年度まで9連覇）。

そんな〝ザ・体育会系〟〝ザ・縦社会〟であろう組織に入ることになった僕は、最初からなり身構えていた。これまで中学高校と、上下関係らしい上下関係を一切気にすることなく、身勝手にラグビーをしてきた僕にとって、上下関係の厳しい環境は未知の世界だった。

「明治のラグビー部とか、上下関係がもの凄いっていうしなぁ……」

「帝京もヤバいだろうなぁ……嫌だなぁ」

ところが入ってみると、すっかり拍子抜けしてしまった。

威張り散らすような4年生、3年生は1人もいなかった。先輩方は誰もが優しく新入部員の面倒を見てくれた。こんな生意気な1年生にも、聞かずとも何でも真摯に丁寧に教えてくれた。

理由はすぐにわかった。当時から帝京大学ラグビー部は〝脱・体育会系〟を念頭においていて、雑用や寮内の掃除、食事の準備まで、他のチームであれば下級生がやるような部内の様々な仕事をすべて、4年生、3年生の上級生が率先して行っていたのだ。これは〝逆ピラミッド型〟と呼ばれていて、1年、2年、3年、4年……と学年が上がっていくごとに任される雑用や仕事が増えていく仕組みだ。

だがその分、2年生や入ったばかりの1年生には時間的、肉体的、精神的な〝余裕〟が生まれる。下級生は大学生活にもチームにも慣れなくてはいけなくて余裕もないし、そもそも考える力も備わっていない。だが余裕があれば自己研鑽の時間に使える。成長が早くなる。結果的に、それがチーム力の底上げに繋がる――そうした考え方だった。

そして、この逆ピラミッド型にはもう1つ〝狙い〟がある。

雑用や掃除を率先して自ら行う上級生の姿を見れば、自然と、「なんで4年生なのに、こんなしんどい嫌な仕事をしているのか」と、下級生もそこから考えることができる。その中で気づき、学びが生まれて人間的に成長していけるのだ。

上級生から下級生へ、下級生が上級生になってさらに下の世代に……と、学びのサイクルが生まれることで、それがだんだんと組織の文化になっていく。

上級生に上がれば、今度は下級生に教える必要も出てくる。見て学ぶだけでなく、教えて学ぶことの大切さも経験すると、より深く「何が大切か」を理解できるようになっていくのだ。

ただもちろん、人間はそうそうすぐには変われない。僕も下級生の頃は、それまでの生き方や考え方が抜けなかった。

怒られればイジける。

イジけるくらいならまだいいほうで、拗ねてモチベーションを失って、自分がやるべきこともやらなくなる。

入部直後に大きなケガをしてしまい、1年半もの間、試合から遠ざかることになってしまったということへの、やり場のない怒りやフラストレーションの裏返しでもあったのかもしれない。


ケガをしたのは大学1年生になってすぐの夏。初めて招集された日本代表候補の菅平合宿で、だった。

僕を招集したのは日本代表前ヘッドコーチのエディー・ジョーンズ。

その年の3月、高校卒業直前に僕はジュニア・ジャパンの一員としてオーストラリア・ニュージーランド遠征に参加していた。その遠征に同行していたのがエディーだった。エディーは、格上の社会人選手や大学生選手に交じってプレーする僕を凄く評価して、〝飛び級〟で合宿に呼んでくれたのだ。同じ遠征からは当時、筑波大学2年生だった福岡堅樹さんも日本代表に選ばれていた。

ところが、その合宿初日。最初の練習で、僕は左足の甲を骨折してしまったのだ。小指のそば、高校時代からの古傷だった。疲労骨折を起こしてヒビが入っていたのだが、手術をずっと先延ばしにしていた箇所だった。

すぐに手術をしたのだが、血流が悪い場所でなかなか骨がくっつかない。骨髄移植までして、結局、3度もメスを入れることになった。

ラグビーをするために大学に来たのに、大きなチャンスを掴みかけたのに、それを手放してしまった――未熟だった僕は、その現実に打ちひしがれていた。

先の見えないリハビリやトレーニングにどうしても身が入らず、口を開けば溜息と愚痴ばかりが漏れる。

そんなある日。

同じトレーニングルームで汗を流している上級生の姿が、ふと目に留まった。

部員が150人、しかも全員が全国から集まった有力選手となれば、部内の競争、ポジション争いはめちゃくちゃに激しくなる。試合に出られないどころか、リザーブメンバー入りすることすらも大変。ほんの少しの差でメンバー入りを逃がし続ける選手や、4年間ずっと公式戦とは無縁の3軍、4軍でプレーし続けなければいけない選手も当然いる。いや、そうした選手のほうが断然多かった。

その試合に出ることがない3年生、4年生たちがみんな、毎日黙々とトレーニングを続けていたのだ。

試合に出られずとも、どんなに悔しくとも、腐ることなく、恨み言も言わず、チームのために、目の前にある自分のやるべきことをやり続けていた。

「自分は試合に出られない」
「じゃあ、どうやってチームに貢献できるか」

同じポジションを争うライバルでもある仲間を羨むのではなく、自分自身にフォーカスしていた。上級生のその背中を見て、僕は自分が恥ずかしかった。他人やケガのせいにしてばかりで、意識の〝矢印〟が自分自身に向いていない自分が恥ずかしくなっていった。

「オレも変わらなきゃいけない」

「強くなりたかったら、今の考え方を変えなきゃいけない」

そこでようやく、成長の入り口に辿り着いた。

意識を変えれば「ケガもチャンス」

ケガをプラスに変えるには、与えられたこの時間をどう過ごせばいいのか。

その時、入部直後に岩出先生から体の細さを指摘されていたことを思い出した。甲を骨折していて走ることはできないが、筋トレはできる。

「……よし、とりあえず体をデカくすることから始めよう」

時間もたくさんある。僕は毎日2回、トレーニングルームに入って、ひたすらウェイトトレーニングをしまくった。並行して、食事をとにかくたくさん摂るようにした。

すると。

1年生が終わる頃には、100キロもなかった体重が20キロ近く増えた。体がふた回りも大きくなり、当時のスクラムコーチが「姫野をプロップにしたい」と岩出監督に提案するくらいにまでサイズアップすることに成功した。ケガで走れなかった1年半もの間、体作りだけに専念できたことで、外国人選手を相手に真っ向勝負できるだけの体になったのだから、長い目で見ればマイナスをプラスに変えることができたわけだ。

2022年春のケガも、実は、この骨折と同じくらいに深刻なものだった。リーグ戦最終節の1つ手前、4月30日に行われたリコーブラックラムズ東京との試合中のことだった。自陣ゴール前まで攻め込まれた時、僕は一瞬のチャンスを見つけて、相手のボールを奪おうと〝ジャッカル〟に入った。

ところが、そうはさせまいとする相手選手4人がいっぺんに、僕を〝グリーンアウト〟引き剝がしそうと入ってきた。4人分の圧力に耐えながら、何とかジャッカルを成功させてボールを奪い返した……までは良かったが、倒れ込んだ時、その4人分の全体重が僕の脚に乗ってしまった。そして、そのまま股裂きのような状態になってしまった。

「……ブチッ！」

嫌な音がはっきり聞こえた。

痛みはそれほどでもなかったが、異変はすぐにわかった。立ち上がってプレーに戻ろうとすると、もう歩くことができなかった。

病院での検査の結果、左脚上部の大殿筋の腱が切れていた。重症だった。

診察してくれた医師からはすぐに手術を勧められた。東京の有名なスポーツドクターにセカンド・オピニオンを貰いに行ったが、そこでも回答は同じ。

「保存療法もできなくはないけれど、腱が完全に切れてしまっているので腱を繋げる手術をしたほうがいい」

というのも保存療法の場合、ケガ自体は治ったとしても、100%の力が出せるようになるかはわからないということだった。80%の力しか出せなくなってしまうなんて、もちろん嫌だった。手術をすればケガ前の状態に戻れる可能性が高い、という見立てだった。

だが、手術にもリスクがある。

筋肉にメスを入れるというのは、どんな小さな部位であったとしても、体に与えるダメージや変化が想像以上に大きい。特に今回は大殿筋というお尻の筋肉で、体の中でも一番大きな、そしてラグビーをする上でのあらゆる動きを支える一番大事な筋肉だ。大殿筋を切り開いて腱を縫合するとなると、その大事な大きな筋肉をどうしても傷つけることになる。それ自体リスクであるし、さらに切って縫合した箇所は術後にどうしても縮む。縮むと周囲の筋肉が引っ張られる。すると、これまではなかった痛みや違和感がいつまでも残る可能性があるという。

それに手術に踏み切ってしまうと、2022年10月からの日本代表活動には間に合わない可能性が高かった。

オールブラックス、イングランド代表、フランス代表とのテストマッチが予定されていて、それは言うまでもなく、2023年のワールドカップ・メンバー選考にも直結していた。秋の試合に出ないとなると、大事なアピールの場が減ることになる。日本代表候補のバックローには強い選手がたくさんいる。僕も安泰というわけでは決してない。

ライバルとの選考レースのためには、手術はできれば避けたい。だが、現実的に考えれば手術は避けられそうもなかった。僕自身も手術に考えが傾く中、たった1人、「絶対に手術しないほうがいい」と言った人がいた。

アスレチックトレーナーの佐藤義人《さとうよしひと》先生だ。

京都で鍼灸院を開設している佐藤先生は、日本中の有名アスリートから支持を集めている〝ゴッドハンド〟だ。独自メソッドの施術とトレーニングで、アスリートのケガを短時間で劇的に回復させてしまう。足首の靭帯を完全に伸ばしてしまって歩くこともできない人を走れるようにしたり、膝の前十字靭帯断裂やアキレス腱断裂すらも、手術を受けさせず治した例もあるという。「佐藤先生に救われた」というアスリートは数えきれない。

ラグビー界でも絶対的信頼を置かれていて、坂手淳史、山沢《やまさわ》拓也、松田力也《りきや》……多くのトップ選手が佐藤先生の元に通っているのだが、中でも堀江翔太《しょうた》さんは、佐藤先生のメソッドに出会って体が劇的に回復した1人だ。

2015年のワールドカップ直前、堀江さんは痛めていた首の状態がかなり悪かった。手術をしたものの腕から指先にかけてしびれの症状が出て、スクラムに絶対に必要な握力も落ちてしまった。

だが、当時、ラグビー日本代表のメディカルスタッフでもあった佐藤先生のメニューに徹底的に取り組んだ結果、首も腕のしびれも消えて、あの活躍に繋がった。2022年シーズンには、36歳にして『リーグワンアワード』でベストフィフティーン、年間MVPに選出された。堀江さんが長年、パフォーマンスを維持できている理由の1つには、佐藤先生のメソッドとトレーニングが間違いなく影響している。

藁にもすがる思いで京都を訪ねた僕に、佐藤先生はこう言い切った。

「ケガをした場所の周り、体の芯にある小さな筋肉をじっくり強化していけば、必ず元通りになる」

医師ではない佐藤先生の理論とメソッドは、独特なものだ。治療とトレーニングで1セットになっていて説明するのは難しいが、治療は、「ただ安静にするのではなく患部とその周辺に正しい力を加えることで、人間の体が本来持っている治癒力、修正力を最大限に引き出す」というイメージだろうか。それと並行して行うトレーニングでは、「選手1人1人の動作を解析して、ミスやケガを引き起こしている問題点を見つけ出し、筋肉や骨の位置、体全体のバランスを正して」いく。

僕は、佐藤先生の言葉を信じて通うと決めた。

毎週月曜日から水曜日までの3日間、京都のホテルに泊まり込んで通い続けた。腱が自然に繋がるのを待ちながら、患部とその周辺や大殿筋のさらに奥、体のコアにある〝小さな筋肉〟インナーマッスルをひたすら徹底的に鍛えていった。

ラグビー選手は基本的に、コンタクトやコリジョンに負けないように、体を大きくするためパワーを上げるためにウェイトトレーニングをする。ウェイトトレーニングの〝ビッグ3〟ベンチプレス、スクワット、デッドリフトだけをひたすらやって、胸や肩、上腕三頭筋、脚、大殿筋、腰、背中にある大きい筋肉だけを鍛え上げる。それが普通だし、僕も正しいと思ってやってきた。

だが先生曰く、「それこそがケガを引き起こす原因の1つ」なのだという。

トレーニング自体は決して悪いこと間違ったことではないが、外側にある大きな筋肉だけが鍛えられてしまうことで、本来の体の重心は内側＝インナーのほうにあるべきなのに、外側＝アウターが重くなってしまって、「バランスが悪い体」になっていく。

バランスが悪いから、さらに自分の強い部分しか筋肉を使わなくなっていく。すると体の筋力の１００％を出し切れなかったり、歪みを生んで、痛みやケガの原因になる。それを佐藤先生のメソッドで１つ１つ鍛え直し、整えていった。

先生のメソッドは、とにかく地味だ。

負荷も驚くほど軽い。10キロ以内のごく軽いウェイトしか使わない。それすら使わず、砂場や坂道を走る時には自分の体重だけを負荷にした〝自重トレーニング〟をすることもある。

負荷の大きさを伸ばすのではなく、「どこに効かせるか」を意識する。

雑なベンチプレスのように、どの筋肉を使ってもとにかく挙げればいいというのではなく、小さな筋肉をだけを動かし鍛えるので、必然的に動かそうとする意識も細かくしなければいけない。足の裏から背中、腹、首、頭の付け根……まで体全体の小さな筋肉すべてを連携させながら、動きの中で鍛えていく。

これがキツい。最初のうちは、余りにもキツ過ぎてついていくのがやっとだった。

深い砂場でのシャトルランでは、必死に全力で走っているのに脚が上がらない、体が前に進まない。今まで使ったことがない筋肉を動かさなければならなかった。

「いやぁ……俺は絶対無理だわ、このトレーニング……」

だが通い始めて1か月、2か月すると、自分の体がだんだんと変わっていくのがわかった。

「体の動かし方」が変わっていくのが、実感できるようになった。

例えば走る時、これまで大殿筋と太ももだけで走っていたものが、背中、肩甲骨周りの姿勢や、足の裏、親指側に重心を置いて外に力を逃がさないように意識しながら走るようになると、自分でも驚くほど体を軽く感じるようになっていた。子どもの頃からの体の使い方のクセ、筋肉のクセが、意識とトレーニングによってリセットされつつあった。

体自体も変わった。

パワーやスピード、あらゆる数値がケガ前どころか、過去最高を記録したのだ。その一方で、体重は変わらないのに、体脂肪は過去最低の数値になっていた。

「トレーニングと意識でここまで変わるなんて……！」

佐藤先生のところに行くたびに、強くなって帰れた。

そして何より楽しかった。

ケガが治るのかどうか。以前と同じように100%の力を出せるようになるのか。そして秋の日本代表活動に間に合うのか。不安はたしかにあったが、自分の体に新しい発見をしていることが面白かったのだ。キツ過ぎて、自分ができないことが楽しかった。子どもの頃、自転車に乗れるように練習をしていた時のことを思い出した。

「……乗れない！　できない！」

大人になると、そんなふうにまったくできないことにぶつかることはなかなかない。だから、できないことにワクワクする自分がいた。

4か月後、腱断裂した大殿筋は完全に回復していた。それどころか、今では利き脚だった右脚よりも左脚のほうが強くなってしまったくらいだ。

ケガはもちろんしないほうがいい。「ケガをして本当に良かった」なんていうアスリートは1人もいない。

だが、ケガをする前――過去にはもう戻れない。そのケガを「良くない」ままにするのか、ケガはしたけれど結果的に「良かった」にするのかは自分次第だ。ケガをチャンスに変えるのは自分の選択次第だ。

そのまま、うちひしがれる選択をするのも自分。

もっと強くなろうと、もがく選択をするのも自分。

苦しい時、ケガをした時、僕はタフなほうを選択しているだけだ。それが自分の成長にとって重要なことだと知っているからだ。もちろん僕も人間だから、焦りや不安はつきまとうけれど、焦って不安になっても、ケガの治りが早くなることはない。

自分の力ではどうしようもないことは意識しない。

ケガが治るか治らないかは、自分がコントロールできることではない。同じように代表に選ばれるか選ばれないかも、僕がコントロールできるものではない。自分の力が及ばないものに意識を向けていても仕方がない。

それよりも、「今、何をやれるのか」「何をすべきなのか」と、自分自身でコントロールできるものだけにフォーカスする。目の前のトレーニングや、体作りに必要な食事を見直すことだけにフォーカスする。

目の前の選択だけが、未来を変える力を持っているのだから。

「結果を出す人間」が一流なのではない

「一流」と聞いて、何を思い浮かべるだろうか。

試しに一流の意味を辞書で引くと、一番最初に《その分野での第一等の地位。第一級》と書いてある。たしかに一流という言葉には、こうしたイメージがある。

スポーツの世界、ビジネスの世界、あるいは勉強や研究の世界でも、常に誰よりも成果を出せる人、成果を期待される中でそれを上回る圧倒的なパフォーマンスを出し続けられる人――イチローさんや大谷翔平選手といったアスリート、将棋の藤井聡太さん、ビジネスマンならば渋沢栄一やビル・ゲイツ、学術の世界ならばiPS細胞研究でノーベル賞を受賞した山中伸弥《しんや》さんが、すぐに思い浮かぶ一流かもしれない。

僕もずっと、「一流になりたい」と思いながら、ここまでやってきた。

ラグビーで誰にも負けたくない。
誰よりも強い選手になりたい。
世界最高のバックローになりたい。

どんな時もチームを勝利に導けるリーダーになりたい。

ずっと、そう思ってきた。

その源にあったのは、中学時代のラグビー部顧問だった松浦先生の言葉だった。

「心を鍛えて、常に一流であれ」

だが、一流の本当の意味、正確な意味はずっとわからないままだった。松浦先生も教えてはくれなかった。僕が自分なりの答えを見つけられるように、あえて答えは教えなかったのだと思う。

だから、一流というと、冒頭に書いたような常にハイパフォーマンスを出せる人、周りを圧倒するような結果を出し続けられる人のことだとずっと思っていた。

「一流っていうのは、生まれながらに才能を与えられている人、その能力を最大限に伸ばしていける人のことだろう」

そう漠然としたイメージだけを持っていた。


だが、大学時代になってようやく、僕は一流という言葉の意味を知ることになった。

教えてくれたのは岩出先生だ。岩出先生はそれを〝一流の定義〟と呼んでいた。

大学2年生の頃だっただろうか。「お前は一流の定義を知っているか?」と先生は問いかけてきた。「常に圧倒的な結果を出せることです」と答えた僕に、岩出先生は首を振った。

「結果を出す人間が一流なんじゃない」

「結果じゃない。倒れても、すぐに立ち上がれる人間こそが一流なんだ」

ハッとした。

「なるほど」と思った。

大切なのは「結果ではなくプロセス」なのだ、と。

倒れても、跳ね返されても、失敗しても、立ち上がって諦めずに何度でもチャレンジしていくというその姿勢、そのプロセスそのものが一流であるということだ、と。

圧倒的な結果は文字通り〝結果論〟でしかない。イチローさん、大谷選手、山中教授が凄いのはそこではない。見えないところで数えきれないほど失敗をして、それでも立ち上がってチャレンジを続けてきたことこそ、彼らが一流の証なのだ、と。

失敗しても立ち上がり続けることにこそ、価値がある。

その価値をわかっている人間こそが一流になれる。

松浦先生の言葉の答えが、一流という言葉の意味が、その時初めてわかった。

つまり、誰でも一流は目指せるのだ。

いきなり大谷翔平を思い浮かべてしまうと、自分には到底届かない世界に思えてしまうかもしれないが、160キロのボールは投げられなくても、立ち上がるだけなら誰でもできるはずだ。スポーツでも勉強でも仕事でもどんな場面でも、持って生まれた才能や環境は関係なく、年齢も性別も関係なく、誰でも一流になれる。

もちろん最初から一流じゃなくていい。

弱くて、怒られるとイジけて打ちひしがれてしまうかつての僕のように、五流でも、四流でもスタートは全然構わない。

そこからだんだん、四流、三流、と1つずつ段階を踏んで一流になっていけばいい。

失敗して「あぁ……オレなんてダメだ……」と3日間凹みながらクヨクヨして、ノートに書いて振り返って、ようやく何とか立ち上がれる。

「あぁ、こうしていれば良かったな」

「じゃあ次はこうやってみよう」

最初のうちは3日間もクヨクヨしていたものが、意識して続けているうちに2日間で「次はこうしよう」と気づけるようになり、そのうち翌日には立ち直れるようになる。

そしていつの間にか、失敗してもすぐ立ち上がれるようになっている。

僕も失敗して倒れるたびに、何度となく岩出先生の言葉に救われてきた。最初から一流の人間なんて、1人もいない。


〝一流の定義〟を教えて貰うまでは、僕も失敗がとにかく怖かった。大学時代は、練習でも試合でも、失敗しないよう、ミスをしないよう、怒られないようにこわごわプレーしていた。そんなかつての僕のように、多くの人が失敗やミスはネガティブなもの――「悪いもの」「良くないこと」だというイメージを持っていると思う。

だが、それはただの思い込みでしかない。一流になるためには必要なものなのだから、悪いことであるはずがない。

失敗は「良いこと」なのだ。

ミスは「ポジティブなもの」なのだ。

倒れてもすぐに立ち上がればいいだけだと理解していれば、ミスも失敗もカッコ悪いことではなくなる。怖いものではなくなる。時には倒れて痛いこともあるけれど、悪いことでも怖いことでもないのだから、すぐに立ち上がってポジティブにアグレッシブに、またチャレンジできるはずだ。

そのサイクルの中で人は成長できる。

成長していけば、おのずと結果はついてくる。

すると、今度は自然と失敗したくなる。

究極的には、失敗が好きになる。

そうなれば最強だ。

次の章では、そんな最強のマインドセットを、どう作っていくのかを少し書いていこう。

6章 最強マインド「失敗したい」を手に入れる

ミスも失敗も「良いこと」

2019年ワールドカップの初戦、ロシア代表戦。僕はナンバー8で先発で出場した。日本で開催される初めてのワールドカップ、その開幕戦であり日本代表の初陣ということで、満員に膨れ上がったスタジアムの興奮と熱気は凄いことになっていた。

その熱気と大歓声を浴びながら、試合が始まった。

ところが試合開始早々のファーストタッチで、僕はボールを前に落としてしまった。〝ノックオン〟というラグビーでは一番小さなミスが出た。

ところが、その小さなミスのせいで出鼻をくじかれた日本代表は、そこから負の連鎖が起きてしまう。日本代表がモタついている間に勢いに乗ったロシア代表に先制を許す、という苦しいスタートになってしまった。

失点に直結したわけではないが、原因は明らかに僕のミスだった。

初めての大舞台、4万5000人の熱気と視線の中で、知らず知らずのうちに緊張していたのかもしれない。緊張で体の反応が遅れたことがミスの原因の1つだが、一番の原因は、僕自身のメンタルにあった。

完全にはメンタルコントロールができていなかったのだ。

5章でも書いたが、試合開始前の国歌斉唱で僕は泣いてしまった。メンバー23人全員で肩を組んで『君が代』を歌っている時、僕は自然と涙を流していたのだが、振り返ってみると、それが良くなかった。

メンタルを上げ過ぎてしまったのだ。

メンタルが高揚し過ぎてしまうと、極端に視野が狭くなってしまう。視野が狭まると、普段は見えているものが目に入らなくなる。余裕がなくなる。普段しないようなプレーをしてしまうから、ミスが生まれる。

ただ、ロシア戦の時の僕は、一番初めのプレーでミスをしたことで逆に吹っ切れた。「ミスしてもいいやん。オレがどんどん前に出たほうがチームも勢いが出るはずだ」すぐに立ち上がって、メンタルを切り替えた。

ミスが起きた時には、こんなふうにすぐに立ち上がってスイッチを切り替え、次にフォーカスすればいいことは、これまでも書いてきた通りだ。ただ、その時に、しっかり考えなければいけないことが1つある。

「この失敗を繰り返さないために、次はどうすればいいのか？」

ミスや失敗は、それ自体が悪いのではない。

同じミス、失敗を繰り返してしまうことが良くないのだ。

自分の中でミスが起きた原因を理解して、次の機会では、同じミスを繰り返さないように準備しなければならない。その準備こそが成長だ。

ロシア代表戦後、冷静になったところで自分自身をレビューしてみて、試合直前にメンタルを上げ過ぎてしまったことが原因だとわかった。そうであれば次の試合では、メンタルを上げ過ぎない工夫をしたり、普段よりもより一層注意深く、自分のメンタルの状態を意識すればいい。

この試合では上手くいかなかったが、自分をコントロールするためには、メンタルを「上げ過ぎない」ことがとても大事だ。

上げ過ぎてしまうと前述のような不具合が起きやすいからだ。でもだからといって、フラットなままでも、良いパフォーマンスは出せない。

高過ぎず低過ぎずパフォーマンスを一番発揮できる、「自分にとってベストなメンタルレベル」を掴んでおく。

そして、試合前や本番直前、その一番良い状態に自分で作り上げていく。これはスポーツでなくとも、例えば仕事のプレゼンや就職などの面接でも同じかもしれない。

僕の場合、試合前には必ず音楽を聴いてメンタルを作る。

特に好きなアーティストはいないのだが、〝聴く順番〟にはこだわりがある。

まず最初に、一度、メンタルを「上げる」。ケイティ・ペリー、ブルーノ・マーズ……といったアップテンポで激しめの洋楽を中心に〝UP〟用プレイリストを作ってあるので、それを聴いて、メンタルをフラットな状態から高ぶらせる。

そして、一度しっかり上げたところで、それを抑え込むように「落ち着かせる」。〝DOWN〟用のプレイリストもあって、当然そちらは静かな穏やかな選曲。お気に入りは竹内まりやさんの『元気を出して』、『アメイジンググレイス』や『ゲド戦記』の主題歌『時の歌』あたりだ。ラグビーの試合前に『アメイジンググレイス』を聴いているのは僕くらいかもしれない。

こうして心を整えることで〝普段通り〟でいやすくなるのだ。

「失敗したい」から「誰も知らない」場所に

僕がハイランダーズに加入することにしたのも、実を言えば失敗したかったからだ。

「失敗しないと学べない」

「失敗をするために、今のこの環境から抜け出したい」

そう思っていた。

トヨタというチームに大きな不満があったわけではなくて、トヨタ、そして日本の整った環境に居続けようとしてしまう僕自身に不満があったのだ。

現状、トヨタにいれば僕は100%試合に出ることができる。チームメイトとも長年一緒でお互い理解度も高いので、プレーしていてもストレスがない。専用のグラウンドやトレーニングルームも整備されて、クラブハウスもいつだってキレイだ。

日本にいれば、探さなくとも美味しいご飯が食べられるし、友人ともすぐに会える、遊びにも行ける。僕にとって、これ以上、居心地のいい場所はないだろう。

だが、そういう環境ではもうこれ以上、大きく失敗しない。

思い切り失敗したくても、できない。

失敗することがストレスになったのではなくて、失敗しないことがストレスになっていた。２０１９年ワールドカップで超一流のレベルを肌で感じて以降、それが不満であり、不安だった。

失敗できなければ、僕の成長はここで止まってしまう。

もっと失敗したかった。

まだまだ成長したかった。

そのためには新たな失敗できる場所——チャレンジできる場所がどうしても必要だったのだ。居心地の良い場所を離れて、僕のことを誰も知らないタフな環境へ、海外のチームに行こうと考えるようになったのは、僕にとってごくごく自然なことだった。

そんな時、声をかけてくれたのが、スーパーラグビーの名門チーム、ハイランダーズだった。

もちろん試合に出られる保証は一切ない。グラウンドの中で自分の力を示してポジションを掴み取るしかなかった。言葉や文化、生活習慣のギャップやハンディがあったとしても、それを跳ね返してみせなければいけない。

それでも僕は一切迷わなかったし、ためらわなかった。

もちろん不安がないわけではなかったが、それよりも自信とワクワクする気持ちのほうが圧倒的に強かった。

トヨタも僕の考えを最大限尊重してくれた。チームマネジメントを考えれば、レギュラー選手、それもキャプテンが1シーズン丸々、チームを離れるというのは痛手だったに違いない。現地で試合に出られず、コンディションを大きく落として帰ってる可能性もあるかもしれない。実際に、当時のヘッドコーチからはチームへの残留を勧められたりもしたが、最後はみんなが快く送り出してくれた。

その時、ニュージーランド渡航直前に書いたノートを少し振り返ってみよう。

●NZ挑戦へ向けて　2021年2月6日

【Must】

・世界へ、日本人としての力の証明。そして自分の力の証明。

・ハイランダーズで優勝。素晴らしい経験を得る。
・英語能力の向上。
・新たな自分自身を手に入れる。さらなる成長を手に入れる。

【Focus／How】
・どんなことがあっても絶対に逃げない。立ち向かい続ける。
・背中は見せない。
・本物のサムライになる。
・とにかくもがき続ける!! どんなShitな環境や状況になったとしても、ドロドロになっても決して諦めない!!
・必ず苦しい時、辛い時が来る。絶対に負けないで、深呼吸して原点へ戻ろう。
・常に一流であれ。どんなに失敗しても立ち上がれ!!
・どんなパンチを食らったとしてもダウンしたとしても、立って立って、次のアクション。考えを止めない!!
・どんな未来が待ち構えていたとしても、自信を持って、自分らしく闘おう。

【Determination】

このHowをやるためには、〝覚悟〟がいる。

自分にその覚悟があるか？

背中を押してくれた仲間たち。いつだって応援してくれる大切な人たち。期待してくれる人たち。未来の日本ラグビーを担う子どもたち。

たくさんのものを背負っている。

1人じゃない。

オレは、自分よりも、そういうもののためにラグビーをやりたい。体を張りたい。闘いたい。

「最高の覚悟」しかない!!

必ず成功させる。オレなら必ずやれる!!

そして、Enjoy!!　楽しむことを忘れない。

こうして、最高の覚悟を決めて失敗をたくさんするために、僕はニュージーランドに乗り込んでいった。

海外で味わった「人生最大の失敗」

だが、それが甘かった。

これだけの決意を固めて向かったのにも関わらず、失敗よりも先に、海外生活、異文化というものに打ちのめされるところから、スタートしてしまったのだ。

ニュージーランドに到着して一番最初、空港の公衆トイレからもうダメだった。日本のそれとは違うあまりの汚さに、思わず日本にいるマネージャーに電話して、「ニュージーランドのトイレ、無理っす」と早々に弱音を吐いてしまったくらいだ。

「ここでやっていけるのかな……」

生活面でも想像以上のストレスが待ち受けていた。

加入当初、僕の自宅はシェアハウスだった。1人暮らし用の部屋が決まるまでの間、チームが用意してくれたのだ。選手寮での共同生活なら大学時代に経験もある。まったく問題ないと考えていたのだが、そうではなかった。チームメイトとそのチームメイトの友人、そしてその友人の彼女——という〝チームメイト以外は謎な2人〟との共同生活だったのだ。もちろん全員外国人だ。

これが、とにかく辛い。

寮のように大きくはない普通の家の中で、初対面の外国人とコミュニケーションをとりながらの生活。「何か話をしないと」というプレッシャーと、英語が不自由で話せない伝わらないというストレスで、このまま髪の毛が全部抜けてしまうんじゃないか、と本気で心配になった。そうでなくても慣れないチームでのプレーで、毎日ヘトヘトになって帰って来る。1人になって心身を休めたいのに、これでは休むことができない。

もちろん環境の変化も想定して覚悟して、そこも含め人間的にも成長するための海外移籍だったのだが、その想定を遥かに上回るストレスに襲われてしまった。

僕は、いわゆるホームシックになりかけていたのかもしれない。それは、知らず知らずのうちに、僕の心に大きな負荷をかけることになっていった。

2021年2月に加入したハイランダーズでは、早々にポジションを掴むことができた。4月に入ると試合での先発出場も増えていき、スーパーラグビーの絶対王者・クルセイダーズも倒し、ブルーズとの試合ではトライを挙げた。そうした活躍が評価されたのか、5月には〝ルーキー・オブ・ザ・イヤー〟新人賞にも選ばれた。これ以上ない形で、シーズンの前半戦を終えることになった。

だがその裏で、僕自身は本当にボロボロだった。

日本のラグビーとニュージーランドのラグビーはルールはもちろん一緒だが、周りは知らない選手ばかり。コミュニケーションも信頼関係も、イチから作らなければならない。

しかも舞台は世界最高峰のリーグだ。戦う相手も全員ワールドクラスのトップ選手ばかりで、毎週末に組まれている試合が、日本代表でのテストマッチと同じくらいの激しさがある。必然的にそれに勝つための日々の練習の濃度や強度は、日本よりも数段高くなる。心身の消耗は、やはり日本とは比べものにならなかった。

その中で、僕はさらに別のプレッシャーとも戦っていた。

「日本人の代表として世界最強のリーグに乗り込んだ以上、やらなきゃいけない……！」

「オレがここで結果出さずに帰ったら、日本人選手に次はない……！」

そう自分で自分にプレッシャーをかけて、毎日、毎週末グラウンドに立っていた。リーグ戦デビューの前日は、

「明日、もしグラウンドで死んだとしても悔いはない」

そう覚悟もしていたくらい、文字通り命懸けだった。

そうまでしているのに、少しパフォーマンスを落としてしまうと、厳しい声や心ない声が聞こえてきた。

「今回の試合ダメだったな」

「日本人じゃあ、やっぱり無理なのかもね」

一切気にする必要はないとわかっていても、弱っている時ほど、どうしても〝ノイズ〟を拾ってしまう。疲労とダメージが蓄積していく中で、家に帰ってもリラックスできる場所がない——心が悲鳴を上げてしまうのは時間の問題だった。


リーグ戦が始まって2か月。折り返しでもある1週間ほどのオフ期間を迎える頃には、僕はラグビーへのモチベーションを保てなくなっていた。


新人賞を獲って「日本人として最低限の結果は残せた」と、それまで張り詰めていた緊張の糸が切れたのだ。ちょうどこのタイミングで、ようやくシェアハウスから引っ越して1人暮らしを始められた、ということも影響したのかもしれない。心の中に、ぽっかりと大きな穴が開いてしまった気がした。その穴が急速に大きくなって〝抜け殻〟のようになってしまった僕は、よろよろとマネージャーに連絡を入れた。

「オレ、もう日本に帰ります……」

まだシーズン後半戦とハイランダーズとの契約は残っていたが、そんなことはどうでもよかった。僕は、マネージャーに日本行きの航空券の手配を頼んだ。

「夏の日本代表活動も行きません、辞退します……」

本来なら僕のエナジーになるはずの、周囲からの期待や声すらもズシリと重く感じた。嫌だった。脱ぎ捨てたかった。

疲れ切ってしまった僕は、とにかく一刻も早くニュージーランドから、ラグビーから離れたかったのだ。

電話の向こうで、マネージャーは僕の言葉を驚きつつも黙って聞いていた。

多くのラグビー選手を抱えているマネージャーは、「他のトップ選手も〝ベッドから出るのが嫌になった〟という話をすることがある」と僕を慰めながら、こう言った。

「でも彼はこうも言っていたんだ。〝5歳の時、なんでラグビーを始めたのかを思い出したら、楽しいからだったんだ。そうやって自分の原点を思い出すと、ラグビーがまた好きになるんだ〟って」

そして、力強くこう言葉を続けた。

「姫ちゃん、このために、失敗するために、ニュージーランドに行ったんだから」

「結果にフォーカスしない」から楽しめる

マネージャーは「この1週間のオフで、本当に帰るかどうかもう少しだけ考えて欲しい」と言って、電話を切った。

マネージャーに気持ちを吐き出して少し落ち着いた僕は、改めてもう一度、考えてみた。

「オレ、なんでこんなに苦しんでんのやろ……」

「ここまで来たんだから、あとは楽しめばいいじゃないか……」

ラグビーに限らず、スポーツではよく「楽しもう」と言うことがある。スポーツでなく仕事でも「楽しんでやればいいじゃない」と、簡単に言ったり言われたりすることがあるかもしれない。僕のキャプテンとしての「3つの誓い」にもそのフレーズは入っているし、チームメイトにメッセージとして「楽しもう」と伝えることもある。

だが、「楽しむ」ことは、簡単なようで難しい。

本気で楽しむには、エナジーが必要だからだ。スポーツでも仕事でも、大変なこと、苦しいこと、キツいことであればあるほど、エナジーが必要になる。本当の意味で、自分の中に楽しさや喜びを見つけていなければ、そのエナジーが湧いてこない。

考え過ぎている時、ノイズが耳に入ってしまった時、周りを気にしてしまう時、期待や責任を背負い過ぎてしまっている時は、なかなか心から楽しめない。結果ばかり気にしている時、結果だけを追い求めているような時も本気で楽しむことができない。

ニュージーランドで追い詰められていた時の僕は、まさにそういう状態だった。

楽しめない弱い自分と、ニュージーランドでも向き合う必要があった。

与えられた1週間のオフの間、僕はまたノートを引っ張り出して、「ラグビーの何が楽しいのか」を自分に問い続け、正直に書き続けた。

ここで僕が重要視したのは、漠然と「ラグビーを楽しもう」と書き連ねるのではなく、「何を楽しむんだ?」という部分を具体的に紐解いていく、という作業だった。

「楽しもう」という人はたくさんいるが、「じゃあ、具体的に何を楽しむか」を決めていない人、わかっていない人は意外と多い。

僕はノートを埋めながら自分と向き合い続けて、エナジーの在りかを探し続けた。

そして、あの〝3つの誓い〟と〝原点〟に行きついた。

どんなにボロボロになっても、それでもチームのために体を張り続けて、どんなにキツい時でも仲間のために走り続けている時が、一番楽しかった。

中学生の頃のように、何も考えずにただただボールを持って相手を吹っ飛ばしながらディフェンスを突破する、デカい相手にタックルをぶちかます、ジャッカルして相手のボールを取りまくる……そういうことが何よりも楽しい自分もいた。

そうしたプレーの先に自分の喜び、自分らしさがあると改めて気づいたのだ。

「ボロボロになっても、その先まで行こう」

「それがオレのラグビーの楽しみ方だ」

そう思えるようになった。

結果や評価ばかり気にすると、プロセスを「楽しむ」という大切な部分が抜け落ちてしまう。

自分の中から「楽しい」が消えてしまう。

そもそも楽しむということ自体が、そこまでのプロセスを味わうということ。「負けたけど楽しかった」という感情や感覚が湧き出ることがあるのは、そういう理由だ。

楽しくないことは、本気でやれない。

もちろんプロ選手である以上、日本代表である以上、結果や評価が大事なことは重々理解している。それは結果が自分だけのものでなく、チームメイトやスタッフ、スポンサー、ファン……自分に関わるすべての人にとっても大切なものであるからだ。

でもだからこそ僕は、声を大にして「楽しもう」と言いたいし、楽しみたいと思っている。

誤解を恐れずに言えば、自分がグラウンドの中でベストであるためには、時には両肩に乗っているその重みを捨ててしまってでも、目の前のことを楽しむ。まず自分が楽しめなかったら、苦しい思いをしてラグビーをやっている意味がない。

楽しいから、やる。

人生は自分が主役なのだから、そこだけはわがままでいい。

僕はそう思っている。

結果は大事だ。

だが、結果だけじゃない。

プロセスを、まず自分自身が本気で楽しんだ先にこそ、思い描く結果がある。

行き詰まったら「いったん、荷物を下ろす」

そう答えに行き着いたところで、僕はノートを閉じた。

トヨタでキャプテンを任されて以来、困った時には必ず見返してきたノートだが、初めて見ることをやめようと決めた。

「ニュージーランドにいる間は、もう絶対に見ない」

ノートだけではない。

自分で楽しむこと以外のすべてを、そこで捨てることにした。

チームでの役割や責任、リーグ戦の成績、周囲の期待や「日本のために」という思い……それまでずっと勝手に背負っていた荷物を全部下ろして、中学時代のわがままで勝手だけれど、誰よりも純粋にラグビーを楽しんでいた自分に戻ろうと思ったのだ。

自分のためのものであるはずの人生が、楽しめなければ本末転倒じゃないか。

僕が楽しみたいのはラグビーなんだ。

「見ていろよ！　これがオレの生き方だ……！」

「お前らに口は出させない……！」

今思い返すと、半ば、やけくそだったのかもしれない。だが、あの時の僕には、それくらいの〝荒療治〟が必要だったのだ。

とにかくこのオフを境に、僕のメンタルは一気に変わった。

落ちるところまで落ちて完全に〝抜け殻〟だったモチベーションが、劇的にV字回復していった。

さらに、マインドセットがガラッと変わったことで、あれほど離れたいと思っていたラグビーがめちゃくちゃ楽しくなっていた。

中学時代、松浦先生に怒られ続けていた頃に戻ったように、自分が楽しいと思うプレーだけにひたすらにフォーカスし続けた。

チームのこと、勝利のことなんてこれっぽっちも考えずに、ただひたすらに目の前のプレーに全力で身を投じた。

楽しいことだけを、ただただ貪った。

楽しいから、どんな相手でも、どんなに苦しくても、へっちゃらだった。

すると自然とパフォーマンスが上がった。

あれこれと覚悟や責任を背負い込んで、前のめりで頑張っていたのが馬鹿らしくなるくらい、調子が上がった。自分勝手にプレーしているはずなのに、チームの成績も上がっていき、リーグ戦後半の交流戦では優勝を争うところまで手が届いた。

ニュージーランドに行ったからこそ、僕は人生最大の失敗ができた。

失敗したからこそ、「時には、自分勝手に楽しんでもいいんだ」という、それまでの僕が持ち合わせていなかったマインドを手に入れることができた。

そして、いつの間にか失敗も好きになっていた。

失敗を繰り返さないための「時間差レビュー」

トヨタに残っていたら、こんな経験、できなかったに違いない。

正直、ここまで自分が追い詰められ、失敗するとは思っていなかったが、経験したことで、僕は自分では気づいていなかった自分の弱さを、そして心から楽しむことの本当の意味を知ることができた。

失敗したからこそ、成長があった。

ただ、成長を真に自分のものとするためには、その辛い失敗としっかり向き合わなければならない。同じ失敗を繰り返さないために、だ。

なぜ失敗したのか。

なぜ失敗から抜け出せたのか。

そして、その失敗から何を得たのか。

途中からノートは「見返さない」と決めていたが、ニュージーランドでの状況や心境だけは、都度しっかりノートに書き留めておいた。失敗は、脳がどうしても忘れたがってしまうから、時間が経っても思い出せるように自分にとっての苦い記憶をノートに残しておくのだ。

そのノートは日本に帰って来てから開いてみた。いったん時間を置いて冷静になったところで、自分で自分をレビューする。そうすれば失敗にしっかり向き合うことができるし、感情的にならずに深く見つめることができる。

「じゃあ今度、また海外に行くことがあったらこうしてみるのがいいな……」

失敗が、また1歩前に踏み出すエナジーを生んでくれるのだ。

失敗することが自分の成長に繋がることを知っていれば、チャレンジを恐れなくなる。そのチャレンジで得られるものこそが大切なのだ。日本代表やサンウルブズ、そしてハイランダーズでもコーチを務めている〝ブラウニー〟トニー・ブラウンも、そういう考えの持ち主だ。

試合中、ミスをした選手を彼はまったくとがめない。だが、ミスを恐れてチャレンジをしない選手に対しては、厳しく指摘する。

「チャレンジをしないことが、一番ダメなことだ」

ブラウニーに限らず、僕がこれまで出会ったトップレベルのコーチは、総じて同じマインドの持ち主だ。僕も将来、指導者になる機会があるのだとしたら、彼らのように「失敗しない生き方」を教えるのではなく、「失敗して学ぶ生き方」を伝えていきたい。

スポーツだけではなく勉強でも、「失敗しちゃった」「ミスしちゃった」というネガティブなイメージにとらわてしまっている子どもが普通だと思う。その失敗が実は「ネガティブなものではなくポジティブなものなんだ」ということを伝えたい。

失敗こそがスタートなんだ。

そためには、僕自身もっと失敗が好きに……いや、常に「失敗が楽しいな」と思えるくらいにならなくては。

7章

「前提」を捨てて「概念」を壊す

前提条件は「ただの思い込み」

ラグビーは、他の球技よりもある意味で伝統と格式を重んじているスポーツだ。

1章でも触れたが、ラグビーには世界ランキングとは別に、〝ティア〟とよばれるグループが2023年5月まで存在していた。

ティア1からティア3まであり、最上位グループのティア1に属しているのは、南半球のニュージーランド代表、オーストラリア代表、南アフリカ代表、アルゼンチン代表、北半球のイングランド代表、アイルランド代表、スコットランド代表、ウェールズ代表、フランス代表、イタリア代表の10か国。ほとんどの代表が、ワールドカップで優勝を含むベスト4以上の経験も持つ伝統的強豪国だ。

ティア2はティア1に準ずる〝中堅国〟。

日本代表をはじめサモア代表、フィジー代表、トンガ代表、カナダ代表、ジョージア代表……といった国々13か国が属していた。

ティア3には、〝発展国〟に位置付けられる110か国がグループ分けされていた。

このティアは、国際試合の結果によって変動する世界ランキングとは違い、変動がほぼない。そして、何かで数値化されてもいないし、グループ分けの明確な定義もない。実際に、ティア1に属しているイタリア代表は、日本代表よりも世界ランキングでは下位で直近の対戦成績でも日本が上回っているが、日本とイタリアがティア2とティア1で入れ替わることはない。

それは、このティアが単に強さだけで区別されているのではなく、その国の代表チームが培ってきた伝統や格式を考慮したカテゴライズになっているからだ。

つまりティアは、世界のラグビー界に存在する〝階級〟〝階層〟とも言える。そしてその階級は厳格で、ティア1とティア2には明確な待遇の格差が存在していた。

この階級——長年縛られてきた概念を、2023年5月、日本ラグビーがとうとう壊した。

ラグビーの国際的統括団体・ワールドラグビーがティアを撤廃して、新たな5階層のカテゴリーを新設、再編すると発表。

そして、最上位カテゴリーである〝ハイパフォーマンス・ユニオン〟にティア1の10か国とともに、日本代表も承認され加入することになったのだ。

2015年ワールドカップでの南アフリカ代表戦勝利を含む予選リーグ3勝、2019年ワールドカップでのベスト8入りが評価された形だ。ここ数年、日本代表はティア2の中でも〝ティア1に一番近い国〟〝準ティア1〟とされていたが、これで名実ともに、強豪国として認められたことになる。

名実共に世界の強豪と認められたことで、何が変わるのか？　一番大きなものはマッチメイクの優遇措置だ。

実はラグビーのテストマッチは、ティア時代から同じカテゴリー内にいる代表同士で行うことが原則になっている。様々な条件や事前交渉によって、上位カテゴリーと下位カテゴリーのチームが対戦することはできるが、定期的にテストマッチを組むことはできない。

これは当然ながら、代表チームの強化に大きく影響していく。

強いチームは強いチーム同士で定期的にテストマッチを組めるのだから、それだけでどんどん強くなれる。下位カテゴリーの代表チームよりも相当に有利だ。下位カテゴリーのチームが、上位との差を埋めることはさらに難しくなる。ティア2時代の日本は、この目に見えないハンデを負った中で、強化に取り組む必要があった。

だが、ハイパフォーマンス・ユニオンになったことで、今後は旧ティア1の国々と数多く、定期的に戦えるようになる。

「ティア1、ティア2の概念は叩き壊せる」

2019年のワールドカップ。アイルランド代表とスコットランド代表を倒して予選リーグ突破した時、僕が記者会見で言った言葉だ。当時、この言葉に海外メディアの記者たちは驚いていた。

あの時も、そんな概念は壊せるし、もう壊していると思っていた。当時も今も、僕は伝統的強豪国の代表チームに対して、差やコンプレックスをまったく感じていない。むしろ「やれる」と思っている。日本代表の持っている力を100%出し切れれば、フィジカルでもスキルでもスピードでも、真正面から勝負できると感じている。

2019年ワールドカップで、アイルランドとスコットランドを倒した。2022年10月のオールブラックス戦では、かつて128点差で負けた相手に対してラスト・ワンプレーまで逆転勝利の可能性を残す試合ができた。そして、それを「惜しい試合だった」で満足しないチームにもなった。

着実に、日本代表が世界トップとの差を埋めている実感と自信がある。

僕たちに大きな課題があるとすれば、そうした勝利や善戦が、すべてホーム＝日本国内で行われた試合である、ということだろう。アウェーでは、他のハイパフォーマンス・ユニオンの国々を相手に勝利したことがない。

これは、まだ日本代表が、どんな状況でも実力を安定して出せるチームではないことを意味している。アウェーゲームでは、持っている力を100%、出し切れていないのだ。伝統的強豪国との差——「いつでも、どこでも、安定したパフォーマンスが出せる」という部分はまだ大きい。

あと少しで、完全に大きな壁を乗り越え、壊せる。

そのためにはやはり、日本代表として良いマッチメイクを増やして、強度の高い試合を数多くこなし、経験値をもっと積み上げていく必要があるのだ。そのためには、今回のハイパフォーマンス・ユニオン入りが、とても大きな一歩になることは間違いない。

もちろん同時に、世界のラグビーを牽引する立場として、新たに大きな責任が求められていくことは言うまでもないし、責任を果たすためには、自分たちが勝手にずっと抱えてきた「前提」も壊さなければいけない。

以前から、日本人は「小さくて弱い」「スピードはあるがフィジカルが弱い」と言われてきたし、僕らも「自分たちのほうが小さくて弱い」という前提の上でトレーニングをし、戦略を立ててきた。

だが、その前提自体が思い込みだ。

たしかに現状では、日本のリーグワンよりも海外リーグのほうが確実にタフだ。フィジカルやコンタクトのレベル、強度は日本よりも高いものがあるのは事実だけれど、日本人選手の中にも、外国人選手と対等以上に戦える選手が次々と出てきている中で、すべてのラグビー選手と関係者はその前提、その思い込みを、そろそろ捨て去らなければいけない。まずそれができなければ、カテゴリー最上位国としての責任は果たせない。

前提を壊した先に、さらなる高いレベルの世界が開けていく。

そのずっと先には、必ず世界の頂点がある。

ティアの概念を壊せた僕たちならば、自分たちの思い込みなんて、きっと消し飛ばせるはずだ。

「自分に期待」し続ける

「挫折は無かったんですか？」

取材などで、そう尋ねられることもある。だが、ここまで読んでくれた方々はおわかりの通り、僕は挫折だらけでここまでやってきた。

大学時代には入学と同時にケガをして、1年半もの間、試合に出られなかった。ケガが癒えても、なかなかスターティングメンバーとしては試合に出られなかった。先発出場できるようになったのは、4年生の、それもシーズン最終盤になってからだ。

トヨタでは、リーダーの仕事に迷い悩み続け、毎晩涙にくれた。

初めての海外移籍では、メンタルがドン底まで落ちて動けなくなってしまった。

日本代表でもあった。実は、2019年ワールドカップ直前に大きな挫折があった。

僕は、大会直前まで〝控え選手〟――2軍だった。

代表メンバーにこそ選ばれていたしベンチ入りもしてはいたが、チームの中でスターティングメンバーという扱いではなかったのだ。

スターティングメンバーを任せてもらえるほどの信頼が僕になかった、ということだ。ジェイミーの構想の中で、バックローのファースト・オプションはフランカーがリーチとラピース、そしてナンバー8はレレイ・マフィ。ワールドカップの前哨戦となる7月のパシフィック・ネーションズカップでも、僕はずっとリザーブだった。代表候補選手41人から最終メンバー31人に絞られる北海道・網走の最終合宿でも、控え組チームの一員として1軍チームを相手にした。言ってしまえば1軍の〝練習台〟だ。

僕のプライドはズタボロだった。

メンタルは腐る寸前で、パフォーマンスも落としかけた。

ワールドカップ本番まであと1か月もないというギリギリになっても、控え。ここから先発のポジションを掴むのは、普通に考えれば不可能だ。

「さすがに、ここまでかな……」

その時点で、ワールドカップメンバー入り自体は、まず間違いないポジションにいた。23人のベンチメンバーにも入れる可能性は高いだろう。ラグビーを始めた時には夢にも思わなかったワールドカップに出場して、選手としてグラウンドに立つことはできるかもしれない——。

だが、それがめちゃくちゃ悔しかった。

リザーブというポジションで満足しかけている自分が、めちゃくちゃに悔しくて、ムカついた。

それじゃない。

オレが欲しいのは、それじゃない。

「スターティングメンバーじゃないと絶対嫌や……!」

「ここまで来て諦めてたまるか……!」

「絶対、この網走の10日間でナンバー8を奪ってやる……!」

負けず嫌いに火がついた僕は、すぐに立ち上がった。

その次の練習から、死に物狂いでぶつかっていった。

1分1秒、一瞬たりとも気を緩めることなく、10日間、1軍相手に全身全霊をぶつけ続けた。僕が持っている力と能力を全部出し切って、最高のパフォーマンスをし続けた。

9月20日に開幕するワールドカップ。同日に行われるロシア戦の前に、僕はヘッドコーチであるジェイミーに呼ばれた。

「ヒメ、お前の網走でのパフォーマンスは最高だった」

「ヒメにはロシア戦、ナンバー8、先発で行ってもらうよ」

ジェイミーは、ちゃんと見ていたのだ。

僕が挫折して拗ねて腐ってしまう選手なのか、それでも全力を出し切れる選手なのか、を。ジェイミーは、パフォーマンスだけではなく、僕のそうした立ち上がり続ける姿勢を評価してくれたのだ。

スターティングメンバーの座と8番のジャージを掴んだ時、僕は誓った。

「この8番は、もう絶対に誰にも着させない……！」


なぜ、僕がギリギリのところで厳しい状況を覆せたのか。

それは、悔しさや負けず嫌いのエナジーを、自分の中で正しく燃やすことができたからだ。僕はとにかく10日間、エナジーを燃やし続け、がむしゃらに目の前のプレーだけにフォーカスし続けた。

負けず嫌いの中には、負けて落ちていってしまうタイプの〝自称〟負けず嫌いの人もいる。そういう人は、ライバルへの妬みや使ってもらえないことへの僻み、不貞腐れた態度を表に出してしまう。

でもそれは、本当の負けず嫌いではない。

負けていることを認められない、プライドが高いだけの人間だ。

外側へと向けたくなる意識の〝矢印〟を、自分のほうにねじ曲げてでもエナジーを内側に押し込める人間、そして押し込んだエナジーを燃やせる人間——それが本当の負けず嫌いだ。

そして、もう1つ、逆境を覆せた確かな理由がある。

誰よりも僕自身が、自分に期待し続けたからだ。

「絶対にオレはやれる」と心から信じ続けて、行動し続けた。そうやって自分を心から信じられない人間が、他人から信じて貰えるはずがない。

自分を疑ってはいけない。

自分の歩いてきた道を疑ってはいけない。

最後の最後まで諦めずに、自分のことを信じ切る。

心から期待し続ける。

自分が好きでやってきたことならば、きっと期待できるはずだ。
「諦めたら楽になるのかもしれない」と思ってしまう時は踏みとどまって、それを自分が許せるのか、自分自身に問いかけてみるといい。
諦めてしまうような自分を好きでいられるのか、問いかけてみるといい。

きっと誰だって、好きな自分でいたいはずだ。

だから僕は、今も、これからも、姫野和樹に期待し続ける。

苦しい時は、僕を——あとがきにかえて——

僕は書くことが好きだ。

夜、ノートを開いて、自分の考えを正直に言葉にしていくと、頭の中で、もやがかかっていたようなことが、はっきりと目に見えるようになる。

書いて見ることで、自分自身でも気づいていなかったような本当の自分の思いや考えを知ることができる。自分の今の姿が正確にわかれば、そこから進むべき道や方向も見定めやすくなる。

後は、そこに向かって行動するだけでいい。何より手を動かして書くことで、頭がそれほど良くない僕でも覚えられるようになる。大切なことを忘れなくなる。

ただ、いくら書くことが好きだと言っても、それは自分自身に対してのメッセージであり備忘録であって、本を書くとなると話は大きく変わってくる。

自分以外の多くの人（少ないかもしれないけれど）が手に取って読むことになる。中には僕のこと、ラグビーのことをまったく知らない人もいるかもしれない。そうした自分以外の人たちにも、メッセージが伝わるように書かなければいけない。

そのためには、これまで書いてきたような、自分だけが理解できればいい走り書きではなくて、繋がった1本の線にしなければいけない。

それより何より、ずっとラグビーしかやってこなかった20代の若造が、僕のような弱くて未熟な人間が、誰かにメッセージを残すなんておこがましいという考えがあった。だから、これまでにも何度か「本を書いてみませんか」という話を頂いたことがあったのだが、ずっと断り続けてきた。

でも、僕にとって2度目になるワールドカップを前にして、

「今の僕でしか、このタイミングでしか届けられない言葉があるのかもしれない」

という気持ちになった。

子どもの頃、家にはいつもお金が無かった。

恥ずかしくて悔しかったし、日々の生活も自分の将来も不安だった。いつもアパートのボロい外階段に座って、夜中まで1人で月を見上げていた。

そんな中でも、僕が道を間違わなかったのは、僕の周りにたくさんの良い人たち、素晴らしい人たち――友達や先生、駄菓子屋のおばちゃんがいてくれたからだ。

僕が迷った時、間違った時、辛かった時、苦しかった時、いつもみんながそばにいてく

れて手を差し伸べてくれた。みんなだって、それぞれ大変なことを抱えていたに違いないのに、僕を支えてくれた。

だから、今度は僕が、そのお返しをしなければいけない。

今も日本のどこかには、あの頃の僕と同じように――いや。僕よりもずっと辛い思い、苦しくて大変な思いを抱えている子どもがたくさんいるはずだ。希望が見えなくて打ちひしがれている子どもも、きっといるに違いない。

子どもたちの支えになれる、寄り添えるなんて、そんな簡単には思っていない。だが、もしも僕の言葉が、ほんの少しでも、何でもいい、彼らのエナジーになるのならば、それは僕がやるべきことだ。そう思った。

1人で月を見上げていた少年は、今、世界と戦うためにチャレンジしている。

練習は、めちゃくちゃキツい。

戦うのは、めちゃくちゃ怖い。

逃げられるものなら逃げ出したい。

でもそれでも、自分を奮い立たせて、なんとか一歩一歩進んでいる。

だから、どうしても苦しい時、辛い時、もう前を向けないと思ったら、僕を見て欲しい。

僕の背中を見て欲しい。

自分を信じて、立ち上がり続ける姿を見て欲しい。

2023年　初夏

姫野和樹

著者紹介　**姫野和樹**（ひめの かずき）

1994年７月27日、愛知県名古屋市生まれ。プロ・ラグビー選手。リーグワン・トヨタヴェルブリッツ所属。ラグビー日本代表。ポジションはNo.8、フランカー。中学からラグビーを始める。春日丘高校（現・中部大学春日丘高校）に進学すると、１年次、２年次とチームを全国大会に導くだけでなく高校日本代表、U20セブンズ日本代表に選出される活躍を見せる。帝京大学では、ケガに悩まされながらも大学選手権８連覇に大きく貢献。2017年、社会人ラグビーリーグ、トップリーグ（現・リーグワン）のトヨタ自動車ヴェルブリッツへ入団し、1年目からキャプテンに任命されチームの中心選手に。同年、日本代表に初選出。2019年に日本で開催されたラグビーワールドカップでは、得意プレー〝ジャッカル〟をはじめ攻守にわたってチームを牽引、日本代表初のベスト８入りに貢献した。2021年は、ニュージーランドの名門チーム・ハイランダーズに期限付き移籍。世界最高峰リーグ、スーパーラグビーに参戦し〝ルーキー・オブ・ザ・イヤー（新人賞）〟を獲得するなど、日本ラグビーを代表するプレーヤーとして活躍中。

公式Twitter　@teikyo_8　　**公式Instagram**　kazukihimeno

姫野ノート 「弱さ」と闘う53の言葉

2023年８月10日　第１刷発行

著者　姫野和樹

発行者　大山邦興

発行所　株式会社 飛鳥新社

〒101-0003　東京都千代田区一ツ橋2-4-3 光文恒産ビル
電話　03-3263-7770（営業）　03-3263-7773（編集）
https://www.asukashinsha.co.jp

印刷・製本　中央精版印刷株式会社

ISBN 978-4-86410-968-0

編集担当　石井康博